Laval. — Imprimerie A. Goupil

MÉMOIRES ÉPISTOLAIRES

SUR LA

RÉVOLUTION A LAVAL

SOCIÉTÉ HISTORIQUE ET ARCHÉOLOGIQUE DU MAINE

MÉMOIRES ÉPISTOLAIRES

SUR LA

RÉVOLUTION

A LAVAL

avec Notice sur M. Duchemin de Villiers

ET ANNOTATIONS

PAR L'ABBÉ A. ANGOT

PARIS
ALPHONSE PICARD
LIBRAIRE
Rue Bonaparte, 82

LAVAL
AUGUSTE GOUPIL
IMPRIMEUR-LIBRAIRE
Basse-Grande-Rue, 2

1896

Illisibilité partielle

OUVRAGE PUBLIÉ SOUS LES AUSPICES

DE LA SOCIÉTÉ HISTORIQUE & ARCHÉOLOGIQUE DU MAINE

Tiré à 300 exemplaires

SOCIÉTÉ HISTORIQUE ET ARCHÉOLOGIQUE DU MAINE

MÉMOIRES ÉPISTOLAIRES

SUR LA

RÉVOLUTION

A LAVAL

avec Notice sur M. Duchemin de Villiers

ET ANNOTATIONS

PAR L'ABBÉ A. ANGOT

PARIS
ALPHONSE PICARD
LIBRAIRE
Rue Bonaparte, 82

LAVAL
AUGUSTE GOUPIL
IMPRIMEUR-LIBRAIRE
Basse-Grande-Rue, 2

1896

NOTICE HISTORIQUE

SUR

M. DUCHEMIN DE VILLIERS

SA VIE ET SES ŒUVRES

La seule fois que j'aie vu le R^me^ P. dom Guéranger dans son cabinet de travail, j'accompagnais un vieux prêtre de ses amis ; leur connaissance datait de leur séjour au séminaire ; la conversation roula sur le clergé qui avait vécu sous l'ancien régime et traversé les années orageuses et les scènes sanglantes de la Révolution. Tous deux avaient connu un grand nombre de ces vétérans du sanctuaire. Je n'ai retenu qu'un seul mot de cet entretien. Le P. Abbé, s'adressant à son vieil ami, et, je crois, avec l'intention d'instruire le jeune séminariste que j'étais, dit en nous reconduisant : — Nous avons eu un privilège qu'on n'aura plus après nous, c'est d'avoir connu cet ancien clergé, rendu vénérable par la persécution et qui avait été témoin d'un état social si différent du nôtre. Ceux qui nous suivront ne comprendront point ce que nous savons par ces témoignages immédiats, pas plus qu'ils ne ressentiront comme nous l'avons fait l'émotion communicative de dépositions si sincères et si vivantes.

A trente ans de distance, et après que la génération qu'il

représentait a disparu, on comprend mieux encore toute la portée de cette réflexion de l'éminent religieux, restaurateur de son Ordre en France. Ce qu'il disait des témoins ecclésiastiques peut s'appliquer aussi bien aux laïques qui avaient vécu au XVIIIe siècle. Quand on veut aujourd'hui se représenter les mœurs et les hommes sur lesquels un siècle a passé, et les faire revivre, combien on désirerait, comme l'ont pu faire nos devanciers, interroger ceux qui avaient vécu de leur temps ! L'Église et la Société française, dans leur condition antérieure, étaient encore visibles, pour la génération née au seuil de ce siècle, dans la parole, dans les récits des anciens d'alors, comme en un miroir où l'image s'en réflétait directement. Nous ne pouvons, nous, avoir cette vision que réfléchie déjà plusieurs fois, et dans un éloignement et un rapetissement plus favorables aux vues d'ensemble, mais où les détails perdent singulièrement de leur netteté.

C'est donc un bonheur quand, à défaut de la conversation des acteurs et des témoins oculaires d'événements d'un autre âge, on peut lire leurs mémoires, et plus spécialement encore leur correspondance intime, écrite au jour le jour et sous l'impression du moment. On pardonnerait facilement à des pages rédigées dans ces conditions, et offrant ces garanties de sincérité, les négligences du style et l'absence de tout mérite littéraire. Mais une œuvre si spontanée ne peut d'ailleurs manquer complètement de mérite, même littéraire.

On jugera certainement qu'il en est ainsi pour les lettres adressées à M. Duchemin de Villiers, de 1789 à 1800, par divers correspondants des mieux renseignés, et qu'il avait pris soin de collectionner avec l'intention de s'en servir lui-même, ou pour que d'autres pussent les utiliser plus tard. Elles forment un volume qui fait partie du fonds précieux légué à la bibliothèque publique de Laval par M. le chanoine Couanier de Launay. Il eût été regrettable que cette collection précieuse fût déflorée par des emprunts partiels au lieu d'être offerte aux lecteurs dans son ensemble, en s'en tenant toutefois aux passages relatifs aux événements publics.

Grâce à de bienveillants concours qui me déchargeaient de la partie la plus laborieuse du travail, j'ai pu, sans me distraire d'une autre œuvre qui demande toutes mes forces, entreprendre cette publication. Je remercie cordialement ceux qui m'ont rendu la tâche si facile. Le mérite est pour eux. M. Frédéric Le Coq, spécialement, a bien voulu puiser dans ses dossiers sur les personnages et les événements de la Révolution, pour contribuer aux annotations de ce volume. Sa collaboration m'a été extrêmement précieuse. On n'a pas remarqué peut-être autant qu'il le méritait le travail consciencieux et complet de notre collègue sur *la Constitution civile du clergé dans le département de la Mayenne*. Mais on ne pourra pas se dispenser de le consulter toujours, ce qui vaut mieux que tous les éloges. Les études plus larges et aussi sérieuses qu'il continue sur la même période de notre histoire locale, le rendent déjà le plus compétent pour traiter les questions qui s'y rapportent.

Des notes abondantes donneront, le plus souvent et chaque fois que cela sera utile, la corrélation des faits relatés dans notre recueil avec les événements contemporains, spécialement avec ceux qui se rapportent à notre province. Les noms des personnages cités dans le texte seront presque toujours identifiés, quand ils ne seront pas accompagnés d'une notice biographique plus complète.

Ces lettres, par les nombreux incidents souvent inédits qu'elles racontent, apporteront une contribution utile pour une histoire qu'il n'est pas temps d'écrire encore; mais leur véritable mérite est toutefois de nous faire connaître les impressions de la population bourgeoise pendant la Révolution, dans l'une des villes de province qui furent les plus éprouvées. On verra comment les préoccupations vulgaires se mêlent aux intérêts d'un ordre plus élevé et semblent même parfois les dominer. La vie est ainsi. On serait surpris de la discrétion avec laquelle sont exprimés les sentiments qu'inspirent les attentats les plus odieux, si l'on ne se souvenait que les lettres n'étaient pas à l'abri des indiscrétions de la police. On s'ingéniait alors à renseigner ses amis sans se compromettre mutuellement. Les sentiments restaient sous-entendus. Il fallait quand même du courage pour vivre au milieu de ces alarmes continuelles, des dénonciations, des visites domiciliaires, et ne céder formellement à aucune faiblesse. La situation de ceux qui n'avaient pris parti ni pour les tyrans — les hommes au pouvoir en ces jours-là ne peuvent s'appeler d'un autre nom —, ni pour ceux qu'on qualifie officiellement d'insurgés, était fort perplexe. C'est celle qui sera dépeinte en ce volume. Beaucoup de familles dans le Bas-Maine se trouvaient dans cet état d'esprit. Nous qui n'avons point vécu des jours aussi sombres, nous devons de l'admiration à ceux dont le courage fut héroïque, mais aussi de l'estime et de la reconnaissance à ceux qui firent leur devoir simplement et sans défaillance, à ceux-là qui, au lendemain des troubles, se retrouvèrent tout prêts pour travailler à la restauration de la société.

M. Duchemin de Villiers et sa famille furent de ce nombre.

Avant de commencer notre publication, faisons donc connaître le digne magistrat, le savant compatriote qui en a réuni les éléments.

Les caractères propres par lesquels se distinguent les familles de la bonne bourgeoisie lavalloise depuis le XVIe siècle, sont une vitalité remarquable qui multipliait sans cesse leurs rameaux féconds, une activité et une initiative presque toujours heureuses dans leurs entreprises, l'honnêteté, le zèle au service de la communauté; enfin, quand la fortune était venue couronner de longs efforts, le souci légitime de s'élever, par les charges qui les anoblissaient, à une situation dont elles retiraient honneur et profit. Toutes du moins prenaient d'une terre de leur patrimoine un titre quasi nobiliaire qui se substituait dans l'usage ordinaire à leur nom propre, et, moyennant finance, s'armaient de blasons plus ou moins héraldiques.

Aucune famille ne fut sous tous ces rapports plus lavalloise, c'est-à-dire plus honorable, plus nombreuse et mieux rentée que celle des Duchemin, à laquelle appartient M. Jacques-Ambroise Duchemin de Villiers[1]. Né en 1764 de Jacques Duchemin de la Maisonneuve et de dame Artémise-Catherine-Marie-Anne Touchard de Sainte-Plaine, il fut baptisé le 22 juin en l'église de la Trinité. Sa sœur aînée épousa M. Boullier, d'Ernée,

[1] La terre et le château de Villiers sont situés en la commune de Vaiges. Le père de M. Duchemin de Villiers les avait acquis vers 1780 de la famille de Biars.

et lui-même fut parrain[1], le 31 octobre 1772, de sa sœur cadette, Artémise Duchemin, dont les lettres, qui rempliront la plus grande partie de ce volume, nous revèleront le caractère si élevé et le ferme courage. Après avoir fait ses études classiques au collège de Laval, — il y était en cinquième en l'année 1775 —, il étudia le droit à la faculté de Rennes, où il prit sa licence en 1785. La même année, âgé de vingt-et-un ans, il se fit inscrire comme avocat au siège ordinaire de Laval[2].

M. Duchemin de Villiers a pris soin lui-même de nous raconter avec quelles formalités se fit sa réception :

Le lundi 21 novembre 1785, je prêtoi le serment d'avocat au siège ordinaire civil de cette ville. Je vais décrire les formalités que j'ai remplies pour y parvenir, afin de donner un exemple de l'usage qui se pratique en cette circonstance :

J'alloi chez M. P. Guays, syndic des avocats, le prier de me proposer à la communauté. Il me proposa le jour de la rentrée après l'audience. J'aurois désiré qu'on m'eût passé au scrutin ce même jour, mais ces messieurs s'y opposèrent, parce que suivant le règlement et l'usage observé pour les autres, on ne scrutine qu'à l'audience suivante.

Me Guays porta la boite du scrutin à l'audience du samedi suivant et je fus reçu par les avocats. En conséquence je portoi chez Me Guays la somme de 80 livres. Le samedi, après-midi, mon oncle Hoisnard, qui devoit me présenter, et moi, fûmes en robe avec nos chausses faire visite à tous les officiers du siège, et aux huit plus anciens avocats. Je portoi ensuite mes lettres de licence et de baccalauréat chez M. l'avocat fiscal, et le prioi de donner des lettres en ma faveur.

[1] Il signe également, le 6 septembre 1791, comme oncle maternel et parrain, à l'acte de baptême d'Isidore Boullier, le futur curé de la Trinité de Laval *(État civil d'Ernée)*.

[2] On sait que deux juridictions fonctionnaient côte à côte à Laval : celle du comté, c'était le tribunal ordinaire ; celle du roi qui constituait le tribunal des exempts, où se jugeaient les cas assez nombreux dont ne pouvaient connaitre les juges du seigneur. Malgré les droits de préséance dont jouissaient sur leurs collègues les juges royaux, il semble que les affaires les plus nombreuses passaient au tribunal ordinaire, et que là aussi se trouvaient parmi les magistrats et les officiers les plus grands talents.

J'avois préparé pour ma réception la cause entre le sieur Chaufourier et le sieur Landais de la Houdairie.... A l'audience du lundi, le greffier appela la cause sur la qualité, qui avoit en marge les noms de Me Hardy et de Me Hoisnard. Mon oncle s'étant levé prononça un très beau discours qui commençoit à peu près ainsi : « Messieurs, j'ai l'honneur de vous présenter Maître Jacques-Ambroise Duchemin de Villiers, licencié en droit de la faculté de Rennes; il a communiqué ses lettres à M. l'avocat fiscal et satisfait aux droits de la communauté ». C'est le style ordinaire. Il contenoit ensuite l'éloge du récipiendaire, du tribunal, etc. Je voulois le transcrire ici, mais mon oncle m'a refusé cette satisfaction.

Quand il eut parlé, M. l'avocat fiscal donna ses conclusions dont voici la substance : Me Duchemin nous a communiqué ses lettres de licence; nous n'empêchons, nous requérons même qu'il vous plaise le recevoir au nombre des avocats de ce siège et ordonner que ses lettres soient enregistrées et transcrites sur les Remembrances de votre siège. Le syndic des avocats se leva ensuite pour attester que j'avois satisfait aux droits. Alors le juge me fit lever la main et me fit prêter serment d'observer les ordonnances, arrêts et règlements. Je répondis à son interpellation : Oui, Monsieur. Il prononça la sentence de réception, après laquelle je prononçoi mon discours de réception.

Le jeune avocat fut choisi presque aussitôt par M. le comte de Maillé, baron d'Entrammes, comme procureur fiscal de sa baronnie. C'était l'usage que les bailliages du comté recrutassent leur personnel parmi les juges et les avocats du chef-lieu, qui venaient y remplir leurs fonctions les jours de tenue d'assises.

A l'exemple de MM. Pichot de la Graverie, de M. Hoisnard, son oncle, et des membres les plus distingués du barreau, dont il recueillera avec un soin religieux les œuvres manuscrites, M. de Villiers, dès son admission comme avocat, se mit à rédiger non-seulement ses propres plaidoyers, mais aussi le résumé des causes débattues devant lui. Il annotait en même temps la Coutume du Maine, donnait par écrit de nombreuses consultations, puis, comme ses devanciers, inscrivait parmi ses notes journalières le procès-verbal des séances de l'Hôtel-de-Ville, et bientôt les délibérations des assemblées communales.

Il accepta lui-même un rôle dans l'organisation du district de Laval, le 8 juillet 1790. Nommé procureur syndic, ses fonctions étaient des plus laborieuses, car toutes les affaires ressortissant de cette administration devaient être élaborées par lui ; la correspondance, dont la charge lui incombait, ne remplit pas moins de deux cents pages serrées d'un volume in-folio [1], pour le court espace de temps qu'il occupa cette place. Sur sa proposition, et à défaut d'un local affecté comme lieu de réunion pour le district, M. Duchemin offrit la grande salle de la maison de son père, au faubourg Saint-Martin. Cette proposition fut acceptée provisoirement. Dès le début, du reste, il ne déguise pas ses appréhensions, sinon ses répugnances, pour le nouvel ordre de choses. M. Enjubault-Laroche, député à l'Assemblée Nationale, son conseiller ordinaire, a beau lui représenter que, tous, ils se trouvent fort inexpérimentés en face de questions si neuves, que les chefs eux-mêmes des diverses commissions n'en savent souvent pas plus qu'eux, qu'ils sont « les Christophe Colomb après lesquels viendront des Cook plus heureux », ces encouragements du vieux légiste n'arrivent pas à lever les scrupules du jeune compatriote trop timoré pour lui. M. Duchemin quitta, en effet, ses fonctions de procureur syndic après sept mois d'exercice, le 8 février 1791. Sa dernière lettre est une demande adressée au procureur général en faveur de deux religieuses du couvent de Patience, les sœurs Renouard et Le Pennetier, qui réclamaient quelques meubles et le règlement de leur pension [2].

Après sa démission il redevint avocat et plaida devant le tribunal révolutionnaire. Combien ce rôle était difficile et dan-

[1] Arch. départementales, L. 209.

[2] M. Duchemin a gardé quelques-unes des lettres qui lui furent personnellement adressées pendant qu'il exerça ses fonctions. Je signalerai les trois suivantes : 3 octobre 1790. M. de Maillé appuie auprès de lui la demande faite par la commune d'Entrammes pour être chef-lieu de canton, de préférence à Parné. — 23 octobre 1790. L'archevêque de Bordeaux le fait remercier de ce qu'il l'a informé de la date des élections des juges à Laval. — 21 novembre

gereux, lui-même nous le dit dans ces lignes qu'il écrivait au mois de septembre 1792 : « Lorsque dans mon état j'ai voulu, en plaidant au tribunal ou dans des requêtes faites pour des particuliers aux Corps administratifs, leur représenter leur injustice avec force, plus je l'ai mise en évidence, plus je les ai vus rougir de fureur et s'animer, et plus ils se sont montrés disposés à exercer des injustices. On ose à peine réclamer, parce que, si on les contraint à rendre justice, ou si on leur prouve leur injustice, ils vous en punissent en ameutant le peuple contre vous et vous exposent au pillage et à l'incendie. On a dit au district que j'y exposois la maison de mon père, en faisant mes efforts pour faire réduire des taxes de contribution plus que doubles de ce qu'elles devoient être suivant la loi, sur d'honnêtes gens persécutés. Il faut la plus grande prudence pour éviter leur fureur. Leurs faveurs consistent en la remise des injustices, des violences ».

L'effet de ces menaces et la réalisation de ces craintes ne se firent pas attendre. Le jour où le conventionnel Fouché vint terroriser Laval, le 25 mars 1793, M. Duchemin de Villiers fut du nombre des quarante suspects qu'on lui désigna et qui furent renfermés aux Bénédictines. Lui-même raconte, dans une longue note qu'on lira plus loin et destinée à fixer ses premières impressions, comment il fut arrêté dans la nuit par d'anciens camarades, armés, le sabre nu à la main, malgré les larmes de sa famille, malgré les protestations de son père qui voulut l'accompagner. Cette page, dans son incorrection et son laconisme, peint vivement les sentiments des détenus jetés pêle-mêle, hommes et femmes, dans un couvent transformé en prison, sans qu'on ait rien changé à son premier aménagement ni rien préparé pour sa nouvelle destination. C'est un tableau saisissant que celui de cette étrange réunion sur laquelle plane le souvenir de tant de massacres et dans laquelle cependant la confiance et la gaité même ne perdent

1790, Milan. M. le duc de la Trémoïlle lui écrit « au sujet de l'emplacement du nouveau tribunal de justice séant à Laval : qu'il sera fort aise de faire quelque chose qui puisse lui être agréable, ainsi qu'à sa bonne ville de Laval, pour laquelle il a toujours eu une prédilection marquée ».

pas leurs droits. On finit par s'organiser dans cet intérieur dévasté. Les prisonniers, gens de bonne société, se divisent en deux tables présidées : l'une par Mme Berset d'Hauterive, l'autre par Mme de Montfraud. M. Duchemin de Villiers fut chargé de la comptabilité, qu'il tint en prison avec le même soin scrupuleux, la même exactitude minutieuse qu'il mit toute sa vie dans ses affaires. Les suspects vécurent dans de continuelles alarmes ; mais il n'y eut pas cependant, pour cette fois, de victime parmi eux. Ils recouvrèrent la liberté le 12 juillet, après cent huit jours de réclusion.

C'est un honneur pour M. Duchemin de Villiers d'avoir mérité d'être traité en ennemi par les terroristes, et c'est une distinction d'avoir été associé dans la captivité avec les personnages les plus estimables de la ville. Voyant toutefois qu'il n'y avait plus d'emploi utile pour lui à Laval, et cédant aux prières de sa famille, il alla chercher la paix à la campagne d'abord. Les quelques lettres qui lui sont adressées à cette époque vont le trouver en diverses retraites, mais toujours dans le voisinage de Vaiges, où la maison de Villiers dut lui servir le plus souvent d'asile. Son père et sa mère furent emprisonnés à leur tour le 14 janvier 1794.

Madame Duchemin mourut en prison, ou du moins pendant la captivité de son mari. Celui-ci, après quatre mois d'une détention pénible, écrivit la pétition suivante au représentant du peuple François, qui montrait quelques dispositions bienveillantes. Dans une pièce de cette nature, il fallait bien se donner quelques titres à la faveur, en faisant étalage de sentiments républicains :

« Je vous expose que le comité révolutionnaire de ma commune n'a reçu contre moi aucune dénonciation ni accusation, ce qui me fait voir avec douleur que mon incarcération est l'effet de quelque vengeance particulière.

« Je suis dans ma 70e année. Ma vie politique et privée n'offre aucun trait ressortissant. Je n'ay eu aucun employ dans l'ancien régime, et lorsque le génie de la liberté l'a terrassé, j'ay rappelé le peu de forces qui me restoient pour aider mes concitoyens à abattre la tirannie.... J'ay fait le service en personne jusqu'à 68 ans.

« Je suis veuf et père de famille. J'ay toujours prêché à mes enfants, domestiques et métayers le respect et l'amour des loix....

Laval, 17 floréal, an II[1].

Mais le comité révolutionnaire, à qui cette pétition fut renvoyée, se montra intraitable, même pour un vieillard. Il nous donne au moins dans les lignes suivantes, un exemple des accusations grâce auxquelles on pouvait faire emprisonner les citoyens les plus pacifiques :

« Vu la réclamation du citoyen Duchemin de Villiers, père, et l'ordonnance de renvoi du citoyen François, représentant du peuple, au comité pour donner son avis motivé ; le comité reconnoissant la légitimité et la sincérité des motifs qui ont déterminé le précédent comité à mettre en arrestation ledit Duchemin comme aristocrate et royaliste ; considérant qu'il réunissoit chez lui un concours d'ex-nobles, des bourgeois aristocrates, qu'il étoit très modéré en républicanisme et fauteur de l'aristocratie, est d'avis que ledit Duchemin doit rester en état d'arrestation comme suspect[2] ».

Quand on se rappelle que l'anniversaire du 21 janvier 1793 fut célébré à Laval par le meurtre de quatorze prêtres, presque tous infirmes, et d'autres victimes nombreuses, on peut se figurer dans quelles transes devaient vivre alors ceux qui avaient des leurs en prison. M. Duchemin, qui avait été si cruellement éprouvé pendant sa captivité, fut rendu seul à ses enfants. L'ordre donné par le représentant Laignelot, le 4 fructidor an II (21 août 1794), fut exécuté le surlendemain, et motivé sur les infirmités du vieillard.

Son fils se décida alors à s'éloigner davantage. Il fut emprisonné une seconde fois à Paris. Il adressa lui aussi une pétition au comité révolutionnaire de Laval, mais loin de faciliter sa mise en liberté par un avis favorable, le terrible club

[1] 6 mai 1794. *Archives départem.* L. 64.

[2] Comité révolutionnaire, séance du 4 prairial an II (23 mai 1794). *Archives de la Mayenne*, L.

passa dédaigneusement à l'ordre du jour[1]. C'est dans sa prison qu'il reçut de sa sœur, le 8 juin, cette lettre qui montre dans quels termes on pouvait écrire et quelles précautions de style on devait prendre pour dérouter les soupçons : « Toutes tes lettres parviennent, mon cher ami..... La réclamation dont je t'avois parlé se fait. Du reste, je n'aime point à me mêler des détenus, et si je ne savois que tu ne l'es pas comme suspect, je ne t'écrirois pas aussi souvent. Sois exact à me donner doresnavant de tes nouvelles, et à moi-même. Je ne prétends pas exclure tes autres amis, mais je veux mon rang. Mon beau-frère voudroit aussi que tu lui écrirois. Je serois infiniment satisfaite que tu n'aurois point d'autres correspondants que nous, excepté le citoyen qui prend soin de toi. La moindre chose peut compromettre ; je te demande cela au nom de l'amitié qui existe entre nous. En un mot, n'écris qu'à Laval et à l'ami dont je t'ai parlé puisqu'il prend si bien soin de toi. Le *Vu* de tes lettres ne me fait rien du tout ; sois, je t'en supplie, exact. J'ai lu ta lettre du 18 en sortant de voir la fête. Cela m'a même privée d'aller au club, mais je te pardonne et me dédommageroi le quintidi prochain. Les sociétés populaires deviennent fort intéressantes depuis que nous avons ici des représentants du peuple. Laignelot y est très applaudi. Adieu, mon bon ami ; j'attends de tes nouvelles avec bien de l'impatience ».

Se figure-t-on Mlle Duchemin au club et fréquentant les sociétés populaires pour admirer l'éloquence des représentants de passage ou en mission à Laval? Tout cet étalage de sentiments démocratiques était évidemment à l'adresse des geôliers et devait servir de laisser-passer à sa missive.

Est-ce le 9 thermidor qui délivra M. de Villiers ? On peut le croire, car du 16 août au 9 septembre il était à Paris, mais en liberté. Il alla bientôt fixer sa résidence à Chartres, où sa cor-

[1] Il a été donné lecture de deux mémoires, le premier adressé au comité par le citoyen Duchemin de Villiers, en arrestation à Paris. — Le deuxième présenté au représentant du peuple François, qui en a fait le renvoi au comité, par le citoyen Lasnier-Vauconay, dont l'incarcération a été ordonnée par le précédent comité. Ils demandent l'un et l'autre à être remis en liberté. *Le comité a arrêté de passer à l'ordre du jour* (*Arch. de la Mayenne*, Registre du Comité révolutionnaire, f° 25, séance du 21 floréal, an II, 10 mai 1794).

respondance lui est toujours adressée chez M. Guyot, homme de loi. Sa première vocation lui semblait manquée, et n'ayant plus aucun espoir de reprendre sa carrière première, il se donna tout entier à l'étude; ses amis lui conseillent d'aller quelque part que ce soit chercher la paix nécessaire à ses projets. Mais enfin, après cette longue séparation, pleine d'inquiétudes réciproques, il y eut une pacification passagère et, le 4 juin 1796, Mlle Duchemin put écrire à son frère que, jusque-là, elle engageait à la prudence :

« Fais donc toutes les réflexions préparatoires à ton retour. Tu vas dire que je tourmente, mais je ne vois pas avoir tort; le pis de tout seroit un second départ si notre pays s'avisoit de vouloir remuer encore; et je ne vois pas qu'il faille que tu attendes le dernier esprit à se calmer. Je te donne pourtant un mois à partir du premier juin; cela fera trois semaines pour écouter le vent et une pour faire tes paquets. Papa veut bien temporiser. Quand nous causons de cela ensemble, nous terminons toujours en disant : Au surplus, quand la tranquillité ne seroit pas parfaite, sa présence ici n'a rien que de très naturel; il n'est pas dans le cas de ceux qui se cachent ».

M. de Villiers rentra en effet à Laval, mais pour assez peu de temps, car l'année 1797 fut marquée par une recrudescence de mesures violentes, et ce ne fut qu'après le désarmement complet des royalistes, en 1800, qu'il put venir poursuivre dans son pays ses études et s'occuper de ses intérêts.

A la nouvelle organisation des tribunaux sous l'empire, en 1811, l'avocat de 1785 retrouva une fonction de judicature; il ne fut d'ailleurs que le quatrième des juges suppléants du tribunal de première instance de Laval, dont l'installation eut lieu le 29 avril. Nommé ensuite conseiller de préfecture par la Restauration, le 29 décembre 1814, le gouvernement des Cent-Jours le laissa en charge, et quand M. de Villiers du Terrais, révoqué à la chute définitive de Napoléon, quitta Laval, il lui laissa l'administration provisoire. Le chargé d'affaires eut à prévenir les accidents qui pouvaient se produire par suite de conflits entre la troupe régulière, qui ne connaissait pas ou ne reconnaissait pas encore le changement de gouvernement, et la petite armée royaliste qui, même avisée de la rentrée de

Louis XVIII, ne voulait pas s'être réunie pour rien. La tâche était épineuse et délicate. Le lundi 10 juillet 1815, M. de Villiers envoie par estafette une lettre à Moustache[1], qui se tenait sur la route de Craon, pour le prier instamment de ne pas attaquer ; mais le message ne put arriver à temps, un engagement eut lieu de six à neuf heures du soir au Gros-Chêne, et le vieux chef royaliste y trouva la mort. Un autre détachement, où les deux neveux de M. Duchemin servaient comme officiers, était devant Sainte-Suzanne, et le maire de la ville avait signé avec le commandant une capitulation aux termes de laquelle les portes seraient ouvertes « dès que les journaux annonceraient qu'on reconnaissait à Paris l'autorité du roi ». Officiers et soldats voulaient d'abord bloquer la place ; puis, dans la crainte d'être attaqués eux-mêmes par des forces supérieures, ils s'étaient retirés à Évron, mais demandaient au moins qu'on reconnût leur conquête et « que la première démarche des habitants de Sainte-Suzanne pour adhérer au gouvernement royal fût dirigée vers eux ». M. de Villiers put pourtant prévenir toute collision sanglante. Mais tout danger n'était pas encore conjuré ; aussi, dès la réception de la circulaire du baron de Vitrolles qui lui apprenait, le mardi 11 juillet, à quatre heures et demie du soir, l'entrée du roi à Paris, il répondit par l'envoi d'un courrier aux trois ministres, demandant des ordres pour concilier la présence simultanée dans le département des troupes de ligne et des royalistes. Ces derniers n'étaient pas encore complètement rassurés, et ne croyaient pas devoir se disperser avant d'avoir des garanties définitives. M. de Villiers leur fit dire à Meslay de s'écarter de la grande route, que devait parcourir la troupe, pour prévenir l'éventualité d'une rencontre. Ce fut là, il semble, tout le rôle de l'administrateur intérimaire, dans des circonstances d'ailleurs assez critiques.

Il rentra bientôt dans sa voie en devenant procureur du roi, et obtint un peu plus tard la présidence du tribunal de pre-

[1] Jean Bezier, dit Moustache, né à Grenoux vers 1750, compagnon de Jambe-d'argent. Sa tombe, dont l'inscription maintenant illisible, a été recueillie, est dans l'ancien cimetière de Montigné, près de l'église.

mière instance. De tous les membres de l'ancien parquet, nul n'était mieux désigné à ce choix par son attitude digne et modérée dans les mauvais jours, par ses connaissances et sa valeur personnelle. La croix de la Légion d'honneur, qui lui fut accordée en 1825, fut un témoignage de l'estime du souverain, dont tout le monde reconnut la justice.

Sous le souffle du libéralisme politique, quand la division se mit parmi les monarchistes, M. de Villiers resta des fidèles qu'on qualifia d'ultra royalistes et qui étaient simplement les plus loyaux et les plus clairvoyants. Les sages, amis des transactions, ont préparé la monarchie de Juillet, et l'esprit révolutionnaire, profitant de concessions successives, a repris de plus en plus d'empire ; il semble que bientôt on arrivera à ne plus même le discuter. Que les modérés n'en accusent pas les intransigeants.

Le président du tribunal de Laval qui, en 1815, avait annoncé à ses administrés le retour du roi en ces termes : « Essuyez vos larmes, Louis-le-Désiré est rendu à vos vœux ! » ne se rallia point à un régime issu de l'insurrection et qui méconnaissait les traditions chrétiennes de l'ancienne monarchie. Du jour où lui fut signifié l'ordre de rendre la justice au nom du roi des Français, il préféra se démettre avec honneur et il adressa à M. le comte d'Andigné, premier président à la Cour royale d'Angers, cette lettre très digne :

Monsieur le Premier Président,

J'ai l'honneur de vous annoncer que je cesse aujourd'hui mes fonctions de président du tribunal de première instance de Laval.

Recevez, Monsieur le Premier Président, la nouvelle expression de ma reconnaissance pour la bienveillance dont vous m'avez toujours honoré, et celle de tout mon regret de ne plus avoir avec vous les rapports agréables que me donnoit mon titre dans la magistrature.

Je suis, avec respect....

Duchemin de Villiers.

Laval, le 12 août 1830.

(Suscription). *A M. le comte d'Andigné, Premier Président à la Cour royale d'Angers.*

Heureux ceux-là qui trouvent en eux-mêmes des ressources pour braver les événements et ne rien craindre des hommes, ceux que nulle force ne peut condamner à l'inaction! En brisant sa carrière, le magistrat n'eut, pour se faire une vieillesse utile et heureuse, qu'à suivre son attrait pour l'étude et à reprendre, exclusivement désormais, des travaux qu'il n'avait jamais délaissés.

Plus jeune, dans les jours de la Terreur, obligé de quitter sa famille et ses occupations professionnelles, son premier soin avait été d'augmenter une bibliothèque déjà riche, par de nombreuses acquisitions. Les circonstances étaient favorables. Tous les couvents pillés avaient garni les boutiques des libraires d'une prodigieuse quantité d'ouvrages infiniment variés. Les livres, même choisis par un amateur, se payaient au mois d'août 1794, à Paris, quinze sols le volume en assignats et à peu près trois sols en numéraire; d'autres fois l'acquéreur les prenait au poids à raison de dix sols la livre. Beaucoup de classiques français en éditions originales, des elzéviers, des ouvrages de droit, des livres scientifiques et autres, qui finirent par former à leur heureux possesseur une bibliothèque de six mille volumes, furent acquis dans ces conditions. Le surplus provenait d'héritages, de dons divers, d'échanges. Il en rédigea un double catalogue, l'un descriptif des volumes, l'autre méthodique. Les manuscrits y sont assez nombreux.

A cette époque, M. Duchemin s'occupa de sciences diverses. « Son goût pour l'étude et la retraite, dit-il, lui avait fait choisir un plan de vie qu'il prétendoit ne devoir être dérangé que par la plus forte nécessité ». Il avait de « grands projets physiques ». Il étudia la botanique et eut l'avantage de connaitre M. de Jussieu et l'un de ses meilleurs disciples, Louis-Claude-Marie Richard [1], qu'il suivit l'un et l'autre dans des herborisa-

[1] « L'un des plus grands botanistes de son siècle », né le 4 septembre 1754, à Versailles. Son père était jardinier du roi à Auteuil, et son oncle directeur du jardin royal du Trianon. Bernard de Jussieu mit à sa disposition ses livres, ses collections et ses conseils. Louis XVI, qui l'avait connu dès son enfance, approuva le choix qui avait été fait de lui, en 1781, par l'Académie des sciences, pour une

tions aux environs de Paris, spécialement à Meudon en 1795 et 1796. Le résultat de ces promenades studieuses fut, entre autres, un herbier dont les échantillons, desséchés avec soin, furent attachés délicatement aux pages de deux gros in-folios. La conservation des plantes, aujourd'hui encore, est remarquable. De Chartres, où fut commencée cette collection, le botaniste demandait à sa sœur certaines plantes du pays natal dont elle insérait au moins quelques feuilles et les fleurs dans les plis de ses lettres. Un herbier composé dans ces circonstances acquiert certainement un intérêt de souvenir supérieur à sa valeur scientifique. Les autres sciences naturelles occupèrent aussi alors M. de Villiers, témoin cet exemplaire des œuvres de Buffon dont il choisit avec un soin de bibliophile les gravures de premier tirage.

A la fin de sa carrière et après sa démission du 12 août 1830, l'ex-président du tribunal s'adonna surtout aux recherches historiques, prenant son sujet dans l'histoire locale, mais, avec les connaissances étendues qu'il avait acquises, généralisant les faits pour donner à ses études une portée supérieure. Il ne négligea aucuns moyens d'information pour arriver à la connaissance détaillée des questions qu'il voulait élucider, mais il eut toujours la préoccupation de rattacher les données acquises ainsi à l'histoire entendue au sens le plus large. Il avait donc le droit de demander, comme il le fait dans sa correspondance avec M. Marchegay, qu'on prêtât quelque attention à des travaux qui lui avaient coûté tant de soins, et qu'on les fît connaître et apprécier. Il communiqua à M. Augustin Thierry quelques chapitres de ses *Essais sur l'histoire de Laval* et de ses

mission scientifique dans la Guyane et aux Antilles, et promit de le rembourser de tous ses frais ; mais le roi n'était plus sur le trône au retour du jeune explorateur.

A son retour et après de nombreux déboires, il obtint la chaire de botanique à l'école de médecine. Tous les dimanches il faisait alors une herborisation dans la campagne, entouré de deux ou trois cents élèves. M. de Jussieu lui avait recommandé notre compatriote. Les ouvrages imprimés ou manuscrits de M. Richard sont innombrables. Son étude intitulée : *Analyse du fruit considéré en général*, est le plus personnel et était alors le plus neuf. Il mourut le 7 juin 1821 (*Biographie Michaud*, art. signé Kunth).

Essais sur la féodalité, œuvres très personnelles et qui méritent de grands éloges.

Il laissait aussi plusieurs manuscrits, dont quelques-uns forment autant de traités plus ou moins achevés sur des sujets variés :

Cours complet de jurisprudence, entrepris sur un plan dont l'étendue n'a pas permis à l'auteur de le compléter. A partir du traité *des Interdits et de leur curateur*, M. de Villiers se contente d'indiquer la division et la distribution des matières, et les meilleures autorités à consulter pour les approfondir ; in-4°, couvert de parchemin.

Recueil de sentences et de notions et remarques relatives à la jurisprudence, commencé à la Saint-Martin 1785 ; in-4°, couvert de parchemin.

Recueil d'extraits, analyses, remarques, notes, etc. Travail commencé dès sa jeunesse et continué jusqu'à la fin de sa vie. On y trouve des notes intéressantes sur les événements du commencement de la Révolution ; in-4°, carton.

Travaux historiques : Histoire abrégée de Laval, et morceau assez étendu sur la destruction des Jésuites ; in-4°, couvert de papier.

Notes écrites sur les événements qui se sont passés à Laval, 1814-1843. Sur feuilles volantes renfermées dans un carton (Elles sont aujourd'hui reliées dans le volume Af. du fonds Couanier, à la bibliothèque de Laval).

Notes sur le Code civil.

Dictionnaire Lavallois, ou locutions particulières au pays de Laval, accompagné d'une petite pièce de vers par M. Charles Piquois.

Notes météorologiques, 1817-1837.

Notes sur les abeilles.

(Ces analyses sont de M. Eugène Boullier, neveu de M. Duchemin de Villiers).

Les seize dernières années de la vie de M. de Villiers furent remplies de ces studieux labeurs qui n'étaient pas sans jouissance. On le voyait toujours, disent ceux qui l'ont connu, dans son cabinet de travail, entouré de ses livres, lisant, écrivant, ou, ses lunettes relevées sur le front, songeant à quelque problème historique. Ses dernières lignes sont des derniers jours de sa vie. Il mourut âgé de quatre-vingt-deux ans, le 5 août 1846.

Le grand charme, puis, la grande consolation de sa longue carrière fut d'avoir eu toujours auprès de lui cette sœur plus jeune de huit ans, dont il avait été le parrain et, qu'à lire leur correspondance, on croirait presque son aînée. Mademoiselle Artémise Duchemin n'avait que vingt ans en 1793 et néanmoins elle prit sur elle la charge la plus lourde, elle eut le rôle le plus périlleux dans des circonstances si critiques. Elle ne quitta presque jamais Laval et souvent y resta seule, alors que toute la famille dispersée cherchait ailleurs un asile ou un lieu de repos après des émotions trop vives. C'est elle qui assiste à toutes les perquisitions, qui reçoit les commissaires et fait les démarches les plus hardies auprès des plus redoutables personnages. Elle avoue bien, après une des scènes les plus émotionnantes, qu'il lui reste un tremblement nerveux dont elle ne croit pas devoir guérir ; mais sa courageuse nature reprend le dessus, elle continue à suivre sa vocation de dévouement et à rendre à tous des services où elle expose sa vie. Dans les jours les plus sombres, elle conserve sa présence d'esprit et souvent une franche bonne humeur. Elle est sage conseillère et ne décline pas la responsabilité des avis qu'elle donne. On lira certainement avec intérêt les extraits de sa correspondance où les événements contemporains ont un écho intelligent.

Non-seulement Mlle Duchemin s'occupait activement des intérêts et du salut des siens, mais elle partageait les goûts studieux de son frère, s'intéressait vivement à ses travaux, et lui faisait d'aimables reproches quand il avait manqué de lui faire connaître quelque projet d'étude. Elle-même lui rend compte de ses lectures, de ses conversations avec leurs doctes amis, et des discussions auxquelles elle s'est quelquefois mêlée. A la suite d'une conversation animée : « Je m'en suis allée, écrit-elle, avec Descartes dans le jardin, étudier la définition des passions que je voyois et ressentois ». Une autre fois elle a soutenu une discussion historique sur les Mérovingiens, ou bien elle a été choisie comme « juge du Parnasse » par un jeune poète lavallois qui vient assidûment lui soumettre sa traduction d'Horace. L'herbier est une œuvre en collaboration entre le frère et la sœur ; d'autres études, même de physique, se faisaient en commun. Cette communauté de goûts est une douce jouissance et ajoute des charmes même à l'amitié fraternelle. Plus tard, Mlle Duchemin de Villiers se consacra avec zèle à toutes les œuvres de dévouement charitable et de piété, si en honneur à Laval, et dont le besoin était si grand après les ruines laissées par la Révolution. Elle y dépensa absolument sa vie, sans craindre les critiques dont la malignité aime à taquiner les zélatrices les plus méritantes. Elle suivit son frère au tombeau à moins de deux ans de distance, le 6 mars 1848, âgée de 75 ans.

MÉMOIRES ÉPISTOLAIRES

SUR

LA RÉVOLUTION A LAVAL

I

Ernée, jeudi 3 septembre 1789.

Mademoiselle Artémise Duchemin,
à Monsieur Duchemin de Villiers, son frère.

(Le premier comité de Laval remplacé et démissions à Ernée. Marquis de Bouteville).

Voilà donc la petite Claireau[1] morte et M. du Clairé[2] ici : il vient de nous dire qu'il ne restoit pas un membre de l'ancien comité, que vous étiez tous remplacés, c'étoit par la fenêtre que maman lui parloit, il ne nous a

[1] Fille d'Alexis Millaut, sieur du Claireau, apothicaire, ex-procureur de fabrique, puis notable de la municipalité d'Ernée.

[2] François Paillard du Cleray, notaire, né à Laval en 1746, de défunt Joseph Paillard, sieur de la Pommeraie, notaire, et de Marie-Madeleine Couannier, épousa, en 1776, Louise-Thérèse Morin, fille de Joseph Morin, marchand, et de Suzanne Georget. Il était fermier des octrois en 1790, refusa la charge de juge-consul en mars 1791, fut emprisonné comme suspect et ne sortit de prison que le 8 fructidor an II, presque ruiné par la loi du *maximum*

nommé personne; il est parti sans ma lettre, je lui souhaite un bon voyage. A l'exemple de Laval, les membres du comité d'ici ont voulu faire leur démission, il y avoit ce matin une assemblée des communes [1], on les a priés de continuer, on a réduit leur nombre à seize [2], au bout d'un certain tems quatre se retireront et seront remplacés par quatre autres et successivement. On a lu à l'assemblée des lettres du marquis de Bouteville [3] qui demande des munitions et doit être ici en peu.

[1] Lisez : Le Tiers-Etat.

[2] Après réduction, le Comité d'Ernée se composa de MM. :

Julien-Louis Jeudry, docteur-médecin, maire d'Ernée, président.

1. Louis-Pierre, marquis de Saint-Gilles, capitaine des dragons de la légion d'Ernée.
2. André-Joseph de Gruel des Salles, ancien mousquetaire, propriétaire à Ernée.
3. René Le Nicolais, docteur-médecin à Ernée.
4. Julien-François Jeudry, avocat à Ernée (*frère du maire*).
5. Louis-Michel Laureau, avocat en Parlement et fiscal au baillage d'Ernée.
6. Jean-Marin Lepannetier de Rouessay, premier échevin de l'Hôtel-de-Ville d'Ernée.
7. Gaspard-Louis Boullard, notaire royal à Ernée, syndic-receveur de l'Hôtel-de-Ville.
8. Jean-François Dodard, avocat en Parlement, procureur-fiscal au siège d'Ernée.
9. Jean-François Duval de la Berrangerie, juge civil et criminel d'Ernée, colonel de la légion nationale.
10. Pierre-Joseph-Alexis Largerye, licencié ès-lois à Ernée.
11. Jean-René Jeudry, sieur du Hameau, bourgeois d'Ernée, aide-major de la légion nationale (*frère du maire*).
12. Jacques Pillier, vicaire à Ernée.
13. François Piénoir, prêtre habitué à Ernée, procureur des prêtres et de la Confrérie du Saint-Sacrement.
14. René-Jean Mesnage, clerc tonsuré à Ernée.
15. Charles-Michel-Jean-Baptiste Jourdain, sieur du Rocher, avocat en Parlement et au baillage d'Ernée.
16. Henri-Samuel-Antoine Picot de Pontaubray, ancien mousquetaire, lieutenant-colonel de la légion d'Ernée.

[3] Messire Anne-Joachim *Hay de Bouteville*, chevalier, baron de Kervaix, seigneur d'Orcisses, paroisse de Larchamp, époux de Victoire-Thérèse-Jeanne du Bailleul, dame d'Orcisses.

On n'en sçait pas davantage en ce moment, je crois qu'il est un peu question d'aller à sa rencontre pour l'escorter.....

Vendredi

P.-S. — Madame de Bouteville est arrivée. Ce sont des brigands qui lui ont fait peur. C'était en vérité triste de la voir arriver dans un petit équipage bien crotté, bien mouillé. Elle est descendue chez M. Boullard[1], son homme d'affaires..... [2]

[1] Boullard, homme d'affaires (Voir lettre du 4 juin 1790).

[2] Sommaire des événements qui ont précédé cette lettre :

Le 27 janvier 1789, Louis XVI avait envoyé une lettre qui ordonnait et réglementait la convocation des États-Généraux.

L'assemblée provinciale, composée de 1754 membres : 942 pour le clergé, 458 pour la noblesse, et 354 pour le Tiers-État, se réunit au Mans le 16 mars 1789, et dura jusqu'au 30 du même mois. Les députés élus par le clergé furent : Le Pelletier de Feumusson, curé de Domfront-en-Champagne ; Grandin, curé d'Ernée ; Berthereau, curé de Teillé ; Bourdet, curé de Bouère, et enfin François de Jouffroy-Gonssans, évêque du Mans. La noblesse nomma : le marquis de Montesson, qui donna sa démission au bout de quelques mois et fut remplacé par le duc de Choiseul-Praslin ; le chevalier de Hercé ; le vidame de Vassé ; le comte de Tessé et le marquis de Bailly de Fresnay. Les députés choisis par le Tiers-Etat furent : Enjubault de la Roche, juge du comté-pairie de Laval ; Héliand, changeur du roi, au Mans ; Jouye des Roches, lieutenant général au présidial ; Maupetit, avocat à Mayenne ; Lasnier de Vaussenay, négociant à Laval ; Guérin, maître de forges à Sougé ; Ménard de la Groye, conseiller au présidial du Mans ; Delalande, lieutenant du maire à Ernée ; Gournay, avocat à Mayenne ; Chenon de Beaumont, conseiller à l'élection du Mans. Après l'établissement des députés (15 janvier 1790) trois députés nommés par la sénéchaussée d'Anjou passèrent à la députation de la Mayenne : Martinet, curé de Daon ; Allard, médecin à Château-Gontier, et Chassebœuf, connu depuis sous le nom de Volney.

Les États-Généraux s'ouvrirent à Versailles, le 5 mai 1789 et prirent le nom d'Assemblée nationale le 17 juin, et peu après celui de Constituante. Les principaux événements qui suivirent furent le serment du Jeu-de-Paume, 20 juin ; la déclaration du roi accordant toutes les libertés désirables, 23 juin ; la réunion des trois ordres, 27 juin ; la prise de la Bastille, 14 Juillet. La nouvelle arriva à

II

25 octobre 1789.

Monsieur Jeudry[1] *à Monsieur Duchemin de Villiers, avocat en parlement, chez Monsieur son père, rüe des Cordeliers, près Patience, à son hôtel, à Laval.*

(Souscription pour les grains. — Rapports entre Laval et Ernée).

Je sçai que notre comité a reçu une lettre de celuy de votre ville, par laquelle vos Messieurs nous faisoient part du projet qu'ils ont formé de faire une souscription

Laval le matin 18 et causa une stupeur générale; dès le soir on organisa pour la défense de l'ordre une milice bourgeoise qui prit le nom de garde nationale. On en fit autant à Mayenne, à Ernée et ailleurs. Les révolutionnaires faisaient circuler les plus sinistres nouvelles et les populations, prises d'une terreur panique, s'armaient, se transportaient d'un endroit en l'autre, à la poursuite d'ennemis imaginaires (Ces deux jours, le 23 et le 24 juillet sont devenus célèbres sous le nom de jeudi et vendredi fous). Pendant ce temps-là l'émigration commençait, l'incurie et le pillage s'étendaient en province, l'Assemblée entamait la discussion sur la déclaration des droits de l'homme ; dans la fameuse nuit du 4 août, la noblesse et le clergé renonçaient à tous leurs droits et privilèges, et le roi recevait à cette occasion le titre dérisoire de Restaurateur de la liberté française. Mais Louis XVI ne se fit pas longtemps illusion sur les dangers qui menaçaient son trône : le 3 septembre il demanda des prières à tous les évêques de France, et Mgr de Gonssans prescrivit aussitôt des processions solennelles et les oraisons des Quarante-Heures.

[1] Julien-Louis Jeudry, né à Ernée le 26 août 1715. Fils de Louis Jeudry, sieur du Cruchet, président au grenier à sel d'Ernée, et de Renée Delalande. Docteur en médecine de la Faculté de Paris. Il épouse à Ernée, le 17 septembre 1748, Dlle Jeanne Boullier, fille majeure de feu François Boullier, sieur de la Touche, et de feue Jeanne

entre eux pour former une somme assez considérable pour faire achepter et voiturer à Laval une quantité de grains suffisante pour assurer la subsistance et l'approvisionnement des marchés de votre ville. Par cette même lettre ils avoient la bonté d'inviter les habitants d'Ernée de souscrire aussi pour telle somme qu'ils pouvoient former entre eux, à l'effet de prendre part à une spéculation si salutaire et si propre à mettre le calme dans ce pays, agité comme tous les autres de craintes et d'alarmes.

Au moment de la réception de cette lettre, je n'étois plus membre du comité de notre petite ville, où chaque mois quatre tirés par le sort sortent et sont remplacés par quatre autres ; mais cependant je me trouvai, Monsieur, dans l'assemblée ce jour-là et j'engageai nos messieurs de prendre dans une sérieuse considération la proposition bien patriotique et fraternelle de Messieurs de Laval. J'offris même de faire ma déclaration de ma soumission à contribuer en proportion de mes

Martin. Jeanne Martin apporta en mariage l'importante terre de Branche, paroisse de Montenay, dans la famille Boullier. Quelques membres de cette famille portèrent dès lors et portent encore aujourd'hui le nom de *Boullier de Branche.*

Julien-Louis Jeudry fut nommé maire d'Ernée en 1761. Il eut grande part à la création d'un collège en cette ville, fit appeler, pour les petites écoles, les sœurs de la Chapelle-au-Riboul, et se dévoua particulièrement aux malades pauvres et à la prospérité de l'hôpital d'Ernée. M. Jeudry quitta l'Hôtel-de-Ville vers le milieu de 1792, et fut remplacé pour quelques mois par Gaspard-Louis Boullard, alors procureur de la Commune, lequel eut l'abbé Mesnage pour successeur en ces dernières fonctions. Bientôt la mairie tomba aux mains de Julien-Marie-Constant (*alias* Marat) Quantin, le démagogue trop connu dans la Mayenne. Ce dernier, nommé par les représentants du peuple membre du Directoire du département, laissa la place à Pierre Renault-Morlière, marchand de draps.

Le docteur Jeudry mourut à Ernée, le 19 thermidor an III.

facultés à un projet si louable et si immédiatement consacré au bien public; mais on me répondit qu'on ne trouveroit pas à Ernée, dans le plus grand nombre de ceux qui pouroient être invités à cette contribution, ni pouvoir, ni volonté d'y entrer d'une façon qui pût former un fonds assez considérable pour être proposé à Messieurs de Laval; qu'à Ernée on avoit fait précédemment des dépenses sérieuses pour former, quelques mois avant la récolte dernière, un bureau de charité pour faire subsister les pauvres; qu'on avoit ensuite acheptè à grande perte deux mille cinq cens demaux de grains, voyant cette récolte retardée par des pluies continuelles qui pouvoient la déteriorer beaucoup; que depuis la récolte ouverte, on avoit souscrit ici, dans une délibération et assemblée générale, à la contribution de tous les propriétaires de fonds ou fermiers, pour former une masse de grains suffisante pour faire subsister tous les consommateurs dans la classe indigente ou peu aisée; et que tous ces efforts laissoient peu d'aisance aux plus riches citoyens pour leur permettre de nouveaux sacrifices; d'autant que le gouvernement en exige encore de formidables.

D'après cela; Monsieur, je me suis tenu tranquille, dans la persuasion que le comité d'Ernée n'auroit pas manqué de répondre à Messieurs du comité de Laval avec les expressions de la plus vive reconnaissance pour ce nouveau témoignage d'amitié et d'union, et pour les prier de vouloir bien nous conserver la correspondance fraternelle dont il nous ont honorés jusqu'à présent. Je ne sçais point ce qui a pu occasionner un si fâcheux oubli, et ne doute point qu'on ne le répare au plus tôt, et je vous prie d'en assurer vos Messieurs, ainsi que des sentiments de respect et de gratitude qui animent tous les membres de notre comité, même tous nos concitoyens, pour Messieurs du comité de Laval; nous ne devons jamais oublier qu'en 1770 le salut de ce pays-ci vint de votre ville.

Je suis désespéré, Monsieur, d'apprendre qu'on tient à Laval beaucoup de propos contraires à la bonne correspondance et à l'union entre votre ville et la nôtre. On nous a dépeints, dit-on, par une lettre qu'on m'a communiquée, avec des couleurs fort noires, de quoi vous avez été sollicité de m'écrire. J'aurois bien désiré que vous m'eussiez donné ce témoignage d'amitié et que vous eussiez bien voulu entrer en détail avec moi, et de ce que l'on nous reproche, et des faits qui ont fait noître ce mécontentement. J'en suis autant affligé que je suis certain que personne de nos concitoyens n'a pu donner occasion à ces bruits injurieux et non mérités : vous en aurez la preuve immédiatement après l'explication que j'espère que vous voudrez bien m'accorder, et vous conviendrez que tous les rapports incendiaires qui se répandent de toutes parts sont à notre égard, comme dans tout le royaume, les produits de la malignité et de la calomnie. J'ignore absolument quels sont les propos dont on me dit instruit........

III

Ernée, 6 février 1790.

Monsieur Boullier à Monsieur Duchemin de Villiers fils, avocat, chez Monsieur son père, à Laval.

(Organisation d'une nouvelle municipalité à Ernée. — Maire de Mayenne. — Choix du chef-lieu de département. — Service de la garde nationale).

Je profite, Monsieur et très cher frère, de l'occasion de M. l'abbé Cahoreau[1] qui part demain pour Laval pour vous écrire. . . . . Vous savez que j'avois eu depuis peu deux places publiques, membre du comité et membre du bureau de charité : il ne me reste plus que cette dernière, l'organisation de la nouvelle municipalité

[1] Joseph-Charles Cahoreau, né à la Trinité le 5 juin 1759, de Nicolas Cahoreau et de Madeleine Caillon, fut nommé vicaire d'Ernée à l'âge de 26 ans et gouverna cette paroisse pendant l'absence du curé, M. Grandin, membre de l'Assemblée nationale. Seul de tous les ecclésiastiques d'Ernée, il prêta le serment pur et simple. Nommé curé intrus de la Gravelle en juillet 1791, il y arriva, dit Dom Piolin, avec quatre femmes dans sa voiture et une escorte de quatre-vingt-dix soldats. Peu après il échangea cette cure contre celle d'Ernée, qu'il ambitionnait, et en prit possession le 29 novembre de cette même année. Après la Terreur, il reprit ses fonctions à Ernée où il n'avait que très peu de partisans, et fut choisi pour vicaire épiscopal en 1799, par Charles d'Orlodot. Lors de la réorganisation générale de 1803, il se rétracta à la dernière heure et avec toutes les restrictions possibles, et fut pourvu de la cure de Saint-Germain-le-Guillaume, où il mourut en 1804.

ayant mis fin au comité. Je désire que les petits détails suivants puissent vous intéresser.

Notre municipalité est enfin formée[1], nos élections

[1] *Ancienne municipalité d'Ernée :*

Maire (depuis 1761) : Dr Julien-Louis Jeudry.

Lieutenant de maire : Julien-Joseph Delalande (député du Tiers-État en 1789).

Premier échevin : Jean-Marin Lepannetier de Rouessay.

Deuxième échevin : Louis-Michel Laureau.

Procureur du Roi : François Mesnage, licencié ès-lois.

Receveur-syndic : Gaspard-Louis Boullard.

Secrétaire-greffier : René-Michel-Marin Chemin, notaire royal (mort à Ernée le 3 décembre 1789).

Nouvelle municipalité (Élections du 4 février 1790) :

Maire : Docteur Julien-Louis Jeudry, sus-nommé.

Procureur de la commune : Gaspard-Louis Boullard, id.

Secrétaire-greffier : René-Yves Duvivier, praticien.

Officiers municipaux :

1. René Le Nicolais, docteur en médecine.
2. Pierre-François Clouard, marchand de fer, procureur de Fabrique.
3. Jean-François Gallouin, marchand de draps.
4. Jean Saint, marchand chapelier.
5. Louis-Michel Laureau, sus-nommé.
6. Jacques-René Grosse, avocat.
7. René-Jean Mesnage.
8. René-Jean Terrier de la Clémencerie, bourgeois, ex-officier commensal de S. A. R. Mgr le duc d'Orléans.

Notables :

1. François Dobaire La Guillaumière, notaire à Ernée.
2. Gervais-Jean-Baptiste Ouvrard, receveur du contrôle (*enregistrement*).
3. Urbain Desprès, potier d'étain.
4. François Guerrier, laboureur.
5. René-Charles Clouard, notaire à Ernée.
6. Jean-François Boullier de la Touche, avocat à Ernée.
7. Alexis Millaut de Claireau, apothicaire.
8. J.-J. Dupont-Ferté, marchand.
9. Guillaume Divay, hôte.
10. François Rallu, cordonnier.
11. Jean-François Le Geay de la Foretterie, bourgeois.
12. Louis Echerbault-Brimonnière, menuisier.
13. René Coquin, laboureur.
14. Jean-Baptiste du Boisberranger, seigneur de Beauvais.

sont finies d'avant-hier. Elles commencèrent lundi et ont duré quatre jours consécutifs et sans relâche, même le jour de la fête. Nous avions deux sections, il y avoit environ quatre cents citoyens actifs; l'une s'est tenue en l'église des Dames Bénédictines, l'autre à la Redoute[1]. Je croyois que nous en aurions eu pour la semaine, mais l'infatigable assiduité de nos officiers, président, secrétaires et scrutateurs, en ont hâté la conclusion. A l'exception du premier jour, les séances ont été toujours tenantes toute la journée : ils alloient dîner les uns après les autres, de manière qu'elles n'avoient pas d'intervalle.

Mon oncle Jeudry a été élu maire à une très grande majorité. Il avoit près de trois cents voix; ainsi il n'y a eu qu'un seul tour de scrutin. Il en a été à peu près de même du procureur de la commune, c'est M. Boullard. Vous le connoissez; il eut aussi presque toutes les voix. L'élection des huit autres officiers municipaux a été bien différemment balancée. Elle dura deux jours; il y eut trois scrutins. Je ne vous nommeroi point nos municipaux, cela ne vous intéresseroit peut-être guère. Il n'y a que M. Laureau que vous connoissiez. Je n'ai pas besoin de vous dire que je n'ai aucune place. Aussitôt que mon oncle Jeudry fut nommé, je fus exclus ainsi que monsieur mon oncle et les parents de son côté. Nous avons dix-huit notables, parmi lesquels quatre paysans. Il n'y a en place qu'un seul gentilhomme, encore est-il le dernier des notables. On m'a dit que M. Cahoreau était le dix-neuvième, mais comme il n'en a fallu que

[1] C'était le nom d'un Cercle situé en contre-bas de la promenade des Châtelets, près de l'église paroissiale d'Ernée. — Ce cercle possédait un théâtre d'amateurs.

dix-huit, il n'a rien eu. Le fameux abbé Ménage[1] est un des municipaux.

Nous avons appris hier par M. de Valois[2], qui a passé ici, que vos élections n'étoient pas encore faites, ce qui m'a bien surpris. Il paroît que ce sera pour la semaine prochaine. J'attends de votre complaisance que vous m'en donniez des nouvelles et me nommiez même tous les officiers. Je connois assez Laval pour m'y intéresser. Vous devrez avoir au moins douze municipaux. Vous aurez sûrement quatre ou cinq sections. Il y en a trois à Mayenne ; c'est M. Degrandjardin[3], juge criminel et ancien colonel qui a été nommé maire.

[1] René-Jean Mesnage, clerc tonsuré, titulaire de la chapelle Saint-Pierre-de-Pont, desservie dans l'église d'Ernée, naquit en cette ville, le 18 novembre 1729, d'une famille bourgeoise qui embrassa avec ardeur toutes les idées de la Révolution. Il n'avait d'abbé que le nom et menait une vie absolument séculière. Aussi fut-il élu pour procureur de la commune en 1790, charge qu'il conserva jusqu'à sa mort. Parti en octobre 1793, à la tête d'un détachement envoyé par la ville d'Ernée au secours de Laval, menacé par les Vendéens, il fut fait prisonnier et préféra mourir plutôt que de crier : Vive Louis XVII. Les révolutionnaires d'Ernée et des environs firent un éloge pompeux du « martyr de la liberté », le fêtèrent dans les temples décadaires, et imposèrent même, pour quelque temps, son nom à un quartier de la ville, le quartier actuel du Bary.

[2] *De Valois*, ou mieux : *de Valloys* (Cauvin, *Armorial* publié dans l'*Annuaire de la Sarthe* pour 1840). Nom d'une famille noble fixée à Fougères, et propriétaire dans plusieurs paroisses sur la limite de la Bretagne et du Maine. — En 1790, un *de Valloys* était prêtre (Voir Le Coq, *Documents* sur le clergé, 4e partie). *M. de Valloys* dont il est question dans la lettre de M. Boullier, eut un commandement parmi les chouans, fut un des premiers pacificateurs aux pays d'Ernée et de Fougères et devint maire de Fougères sous la Restauration.

[3] Joseph-François Dupont-Grandjardin, né à Alençon vers 1750, exerçait dès avant 1775 les fonctions de juge criminel à Mayenne. Il fut nommé successivement colonel de la garde nationale de cette ville, juillet 1789, puis maire l'année suivante, charge qu'il occupa jusqu'à ce qu'il fût élu membre de l'Assemblée législative, où il prit

La lettre que votre municipalité a écrite à la nôtre fut lue publiquement mardi matin à l'assemblée, et sur la demande : dans laquelle des deux villes de Mayenne ou de Laval on préférerait que fût le département [1], un cri général s'éleva, on cria : Laval. On espère aussi que vous nous aiderez pour avoir une justice pour notre district et empêcher que Mayenne ne nous avale.

M. Cahoreau doit être porteur de la réponse que notre ville fait à la vôtre. Vous avez sans doute vu le mémoire imprimé que Mayenne a présenté. Il m'a bien fait rire, surtout la comparaison de la fille cadette qui, pour avoir plus grandi que son aînée, voudrait lui être préférée.

place sur les bancs de la droite. Non réélu à la Convention, il fut nommé commissaire des guerres le 21 septembre 1892, et destitué l'année d'après. Alors il vint se fixer dans une petite propriété qu'il possédait à Nuillé-sur-Ouette. L'obscurité où il vivait n'empêcha pas qu'un mandat d'arrêt ne fût lancé contre lui le 21 nivôse 1794. Quelques jours après, il fut amené dans les prisons de Laval, jugé le 6 pluviôse et exécuté le même jour.

Pour plus de détails, voir M. Queruau-Lamerie : *Les Députés de la Mayenne de 1791*, p. 6.

[1] Dès le 29 septembre 1789, le projet d'une nouvelle division de la France en départements avait été présenté à l'Assemblée nationale. Le 23 février 1790, parut le décret définitif qui créa 83 départements, 600 districts et 48.000 communes. La province du Maine fut divisée en deux départements, la Sarthe et la Mayenne. Ce dernier, à qui on assigna Laval pour chef-lieu, comprenait 7 districts, 29 cantons ; ce nombre fut réduit plus tard à 27 cantons et 274 communes. La ville de Mayenne disputa longtemps à Laval l'avantage d'être le chef-lieu du département. Elle invoquait sa plus grande antiquité, son histoire plus illustre, sa situation géographique, etc. Laval faisait valoir de son côté sa population plus considérable, son commerce à l'étranger, sa situation géographique.... Même après que fut publié le décret constitutif du département, les habitants de Mayenne ne se tinrent pas pour battus. Lorsque l'Assemblée envoya aux chefs-lieux les drapeaux aux couleurs nationales, ils arrêtèrent au passage et voulurent garder les étendards destinés à Laval. Une véritable émeute éclata et il fallut recourir à la force armée pour la dissiper.

J'attends toujours avec inquiétude l'organisation des gardes nationales. En attendant, depuis quelque temps, je commence à dormir tranquille. Nous faisons notre service bien à notre aise au moyen de 15 sols par mois. Cela ne m'empêche point de dormir dans mon lit ; et comme voilà dix heures qui sonnent, je finis ma lettre pour y aller.

IV

Ernée, 4 juin 1790.

Monsieur Boullier à Monsieur Duchemin de Villiers, fils, avocat, chez Monsieur son père. Faubourg Saint-Martin, près Patience, à Laval.

(Tranquillité troublée. — Expédition de Larchamps. — Assemblée primaire à Ernée).

Je viens, Monsieur et cher frère, de recevoir dans l'instant votre lettre. J'y réponds tout de suite parce que je trouve une occasion. M. Duboisberenger qui part demain matin pour Laval vous la remettra tout de suite. Je ne tarderai point d'y aller moi-même, aussitôt que la tranquillité sera un peu rétablie. Vous ne me parlez point de l'état où vous êtes à Laval ; c'est pourtant ce que nous aurions bien désiré savoir. Vous sentez combien nous avons raison d'en être inquiets. Ici, depuis l'expédition de Larchamp, où il fut tué une femme, il n'y a pas eu de nouvelles alertes. Il y a aujourd'hui huit jours. Le marché qui suivit a été assez tranquille. Cependant dans la crainte d'accident on va recommencer à monter la garde la nuit. Il faudra la monter soi-même, sans pouvoir se faire représenter. Jugez si je suis satisfait ; mais ce n'est pas de cela dont je veux vous entretenir . . . .

. . . .

Vendredi prochain 11, se réunira notre assemblée primaire.

V

Ernée, 18 juin 1790.

Monsieur Boullier à Monsieur Duchemin de Villiers, avocat, chez Monsieur son père, près Patience, à Laval.

(Assemblée primaire à Ernée. — Élus. — Service de la garde nationale).

Vous avez sans doute appris, Monsieur et très cher frère, que j'ai eu l'honneur d'être nommé l'un des électeurs de notre canton pour l'assemblée générale qui doit se tenir dans votre ville de Laval, le 28 du présent mois [1]. Vous serez peut-être heureux d'apprendre quel-

[1] Ce fut le 28 juin 1790, que les électeurs, au nombre de 365,

ques. détails de notre assemblée primaire. Je m'attends qu'à votre tour vous voudrez bien me donner quelques détails de la vôtre. Je suis surtout curieux de savoir qui sont les électeurs. Vous sentez que je dois m'y intéresser : on aime à connoître ses collègues. L'assemblée primaire du canton d'Ernée, composé des trois paroisses d'Ernée, Montenay et la Pèlerine, contenant sept cent cinquante-deux citoyens actifs et par conséquent devant nommer huit électeurs, s'est tenue en cette ville, en l'église paroissiale, le vendredi 11 juin, à huit heures du matin. Elle fut précédée d'une messe et du *Veni creator*. Après toutes les formalités préliminaires, on procéda au choix du président du scrutin et des trois scrutateurs. C'est tout ce qu'on fit ce jour-là. Le lendemain, samedi 12, au même lieu et à la même heure, on procéda au choix des électeurs, dont voici les noms suivant l'ordre dans lequel ils ont été nommés :

d'après Dom Piolin, nommés par des assemblées primaires tenues dans chaque canton, se réunirent dans l'église des Cordeliers de Laval, pour constituer l'administration du département, sous la présidence élective de Pierre Sourdille de la Valette, jeune homme à peine âgé de 27 ans, avocat à Château-Gontier. Après la vérification des pouvoirs ils firent célébrer une messe solennelle du Saint-Esprit, à laquelle assistèrent toutes les autorités de la ville. Les séances, qui ne se terminèrent que le 6 juillet, furent sans cesse interrompues par des députations venant complimenter l'assemblée et protester de leur dévouement au roi et à la nation. Un jour, c'est la municipalité de Laval et le clergé de la Trinité; le lendemain, celui de Saint-Vénérand et le chapitre Saint-Tugal; puis la garde nationale; puis à tour de rôle les capucins, les cordeliers, le collège de Château-Gontier, etc. Les discours déclamatoires qui furent prononcés débordent d'un enthousiasme juvénil, mais brillent par l'absence totale de tout esprit de sagesse et de prévoyance. Tous s'accordent pour saluer « l'aurore de ce beau jour où la France va se couvrir de gloire ». Leurs travaux se terminèrent le 6 juillet par un *Te Deum* chanté en présence « d'un peuple enthousiaste et de la garde nationale fraternellement confondue avec MM. les électeurs ».

Électeurs du département nommés pour le canton d'Ernée

1. Joseph Le Jariel, sieur de Chaillet, propriétaire à Ernée.

2. Louis-Michel Laureau, ex-avocat fiscal, officier municipal d'Ernée.

3. Julien-François Jeudry, avocat à Ernée.

4. René Couraudin, ci-devant régisseur des chanoines du Mans, maire de Montenay.

5. Antoine Chardon, agriculteur, maître de poste, procureur de la commune de la Pellerine.

6. Gaspard-Louis Boullard, notaire royal, procureur de la commune d'Ernée.

7. Gilles-Louis Richard, sieur de Villiers, propriétaire à Ernée (Député en 1791).

8. Jean-François Boullier, sieur de la Touche, ancien officier commensal de la maison du Roi, avocat en Parlement et au siège d'Ernée.

Vous voyez par là que je ne suis nommé que le dernier. Peut-être pourroit-on dire que je ne dois ma nomination qu'à la convenance, ayant la famille de ma femme à Laval. Vous en tirerez telle conséquence qui vous paroîtra juste. Ce que je puis vous dire, c'est que je suis loin d'avoir cherché à être nommé, et je pense que je n'ai pas besoin de vous l'assurer. Mais je devois un peu m'y attendre d'après ce que j'avais entendu dire, et il s'en est bien peu fallu cependant, comme vous le voyez, qu'on ne m'ait laissé tranquille . . . .
. . . . La fameuse ordonnance concernant la garde dont je vous ai parlé, ce monument de

la liberté qui oblige tous les citoyens à monter la garde personnellement, sans pouvoir se faire remplacer, a manqué de causer un schisme dans notre ville et de dissoudre entièrement la milice. Enfin on a pris le sage, le bon parti de corriger ce défectueux, on a adouci la rigueur, et on a mis que ceux qui ne voudroient pas monter, paieraient 3^l 15^s. Comme cela ne s'est fait que cette semaine, dimanche dernier je fus obligé de monter personnellement, mais j'espère que ce sera la dernière fois.

VI

Yvré-l'Évêque, 8 juillet 1790.

Monsieur Martin[1] *à Monsieur de Villiers, avocat à Laval.*

(Assemblée de District. — Garde nationale d'Yvré (Sarthe). — Nomination d'officiers et d'un aumônier. — Messe militaire. — Danse. — Cris. — Désordre).

J'ai été un grand paresseux. J'aurois dû vous demander plus tôt de vos chères nouvelles. Pour faire ma paix, je vais vous envoyer des nouvelles du jour. Les assemblées de district dans nos cantons ont été un peu orageuses. La cabale a eu très grande part aux nomina-

[1] M. Martin refusa le serment schismatique en 1791. Était-il de la famille Martin, de Laval ? Ses relations avec M. Duchemin de Villiers semblent l'indiquer. Sa relation de la fête de la fédération est, en tous cas, très curieuse.

tions. Notre paroisse d'Yvré a eu cinq électeurs dans l'assemblée des électeurs pour le département. Quoiqu'il y ait eu beaucoup de cabale, cependant les mauvais sujets ont été éloignés et le choix des membres du département est approuvé de tous les honnêtes gens. Voilà ce que je puis vous rapporter de ces assemblées. Mais passons à la milice nationale d'Yvré-l'Évêque. Toute la paroisse assemblée dimanche, 27 juin, a nommé ses soldats nationaux au nombre de cent vingt hommes. Ces soldats ont fait ensuite le scrutin pour la nomination des officiers. Nous avons pour commandants M. de Cailleau, croix de Saint-Louis, et M. de Landemon. Je vous nomme ces messieurs; le premier connoît Monsieur votre père. L'aumônier a été choisi au scrutin. Nous étions trois sur les rangs. J'ai été élu par acclamation, et ensuite au scrutin je n'ai eu que six voix qui ne fussent pas pour moi. Je vous diroi que j'ai été fort sensible à cette nomination, car le scrutin n'a été sollicité que par mon confrère qui, comme plus ancien dans le vicariat d'Yvré, vouloit la préférence, car j'avois été nommé dès le dimanche précédent, où on annonça l'assemblée pour la milice. Nous avons été convoqués pour le camp jeudi 1er juillet. Nous nous sommes rendus au Mans pour l'élection des députés pour Paris. Nous avons été reçus par deux officiers, deux sergents, deux capôraux, douze fusiliers. Toutes les corporations ont été reçues de même, excepté les compagnies qui n'avaient pas de drapeaux, qui étoient reçues par un officier, un sergent, six fusiliers. On nous a donné nos billets de logement. Comme vicaire d'Yvré, j'ai été à l'évêché. M. de Valance occupoit la plus grande partie de l'évêché. Depuis le jeudi dîner jusqu'au mardi dîner, il a eu à dîner et à souper cent couverts. Tous les députés pour le camp du Mans ont mangé chez lui ; je m'y suis trouvé plusieurs fois comme commensal ; mon couvert y étoit, mais je ne me suis point trouvé au souper. Tous ces grands repas se sont passés avec beaucoup de décence, bien servis, mais à la militaire. Dimanche matin, toute notre milice s'est rendue au Mans, avec un drapeau superbe dont M. de Cailleau a fait présent. L'ancien drapeau où étoient les armes de Monsieur l'évêque est de côté et nous n'aurions pas pu le porter au camp (J'avais fait la bénédiction du drapeau samedi soir à onze heures). Nous sommes partis du Mans pour le camp sur les dix heures du matin. Nous y sommes arrivés à une heure après-midi. Pendant la marche, tous les spectateurs étoient chapeau bas ; défense aux soldats de parler étant sous les armes. L'arrivée au camp a été annoncée par l'artillerie. Chaque compagnie a pris et planté son piquet de ralliement. L'ordre a été donné pour le rafraichissement. Je vous assure que je n'ai jamais trouvé le pain si bon. Nous étions tous très fatigués, et quoique les provisions du camp fussent très abondantes, on avait bien de la peine, pour beaucoup d'argent, à se procurer quelques rafraîchissements. Il y avoit au moins quarante mille âmes. Nous avions pour la milice un carré d'un tiers de lieue de long. L'autel étoit couvert d'un dôme soutenu par quatre colonnes de cinquante pieds de haut et faisoit au milieu du camp l'effet le plus majestueux. Le signal donné, chacun s'est rangé sous ses drapeaux et la musique a fait le tour du camp. A trois heures on a commencé la messe ; elle a été annoncée par quatre coups de canon ainsi que l'offertoire ; à l'élévation, décharge de toute l'artillerie ; pendant tout le *Canon*, la troupe a eu le chapeau bas et un genou en terre; la cavalerie a mis pied à terre. La messe a été dite par M. Savare[1], aumônier de la ville, qui a prononcé un discours assez long. On a annoncé la cérémonie du serment par une décharge de l'artillerie. Tout le camp a crié : *Je jure*. On a chanté *Domine salvum* en musique. Toutes les cérémonies finies, on a jeté les armes et dansé en rond. Ensuite la troupe, sans drapeaux, les laissant aux piquets de ralliement, a fait le tour du camp en criant : *Vive la nation ! Vive la loi ! Vive le Roi ! Vivent nos frères !* Toute cette cérémonie a été fort tumultueuse et joyeuse, de crainte d'être pris pour aristocrate. Nous étions plus de soixante aumôniers et nous avons couru comme les autres, crié et embrassé le premier venu. Jamais, après un coup d'œil aussi imposant d'environ huit à neuf mille hommes sous les armes, on ne put voir une course aussi tumultueuse et aussi risible ; votre Père rhétoricien était d'une humeur charmante. On a donné l'ordre; on s'est rangé sous ses drapeaux. M. de Valance a fait le tour du camp ; on a redoublé les cris de : *Vive Valance !* et M. de Valance crioit avec ceux qui l'accompagnoient ;

[1] Joseph-Jean Savare, né au Mans en 1740, chanoine de la cathédrale le 9 janvier 1776, fut nommé aumônier de la garde nationale de cette ville le 4 juillet 1790, fête de la Fédération. Il célébra la messe sur un autel élevé au milieu du camp du Tertre-Rouge, devant toute l'armée, et prononça un discours remarquable. Prêtre fermement attaché à son devoir, il signa avec tout le Chapitre la lettre envoyée le 19 février 1791 à Mgr de Gonssans, pour protester contre l'intrusion de l'évêque schismatique du Mans, et offrit plus tard sa maison pour asile au vénérable pasteur qui avait manifesté le désir de revenir au milieu de son troupeau. Durant la Révolution il tint cachés chez lui cent volumes de manuscrits et de titres de la cathédrale qui furent saisis dans la visite domiciliaire pratiquée au commencement de floréal, an VII.

Vivent nos frères ! Vivent nos camarades ! Le trouble a bientôt suivi tous ces cris, les armes ont été abandonnées, les danses ont recommencé, et les dames ont voulu être de la partie, mais elles se sont trop exposées : il y en a plusieurs qui n'ont pas été fort respectées, car lorsqu'elles entraient dans l'enceinte du camp, les soldats vous les *bouchonnoient* comme il faut ! On a bientôt rappelé à l'ordre ; le signal a été donné, on a pris les armes et on est allé saluer l'autel de la Patrie. A cinq heures on est sorti du camp et retourné au Mans. Nous avons ce soir-là couché chez nous et emporté notre drapeau. Je ne suis pas retourné, de sorte que nous n'avons pas vu la rentrée au Mans, qui n'a pas été brillante, car la pluie est tombée en abondance. Le camp étoit à une lieue de Pontlieue, dans les landes de Changé et de Mulsanne, à une lieue et demie du Mans et à une lieue d'Yvré. Je vous assure que j'étois bien content, mais bien fatigué.

VII

Ernée, le 20 juillet 1790.

Monsieur Boullier à Monsieur Duchemin de Villiers.

(Assemblée de district à Ernée. — Messe).

Comme je pense, Monsieur et très cher frère, que vous serez bien aise de savoir des nouvelles de notre assemblée de district, et surtout des nominations qui y ont été faites, afin de connoître vos confrères, je m'empresse de vous en faire part. Je vous observe avant tout que notre assemblée a été bien différente de la vôtre, qui ne dura que quelques heures, où il paroît que tout se fit à l'amiable et d'accord, dans la plus grande simplicité, sans aucune cérémonie [1]. Ici, au contraire, notre assemblée a duré presque autant de jours que la vôtre d'heures. On perdit une demi journée environ sur le mode d'élection ; enfin on a eu ici, en petit, toutes les cérémonies qui avoient été faites en grand à Laval. L'assemblée électorale du département avoit voulu imiter l'Assemblée nationale : l'assemblée de district a voulu imiter celle de département. Vous allez en juger par les détails suivants :

L'assemblée ouvrit, ainsi qu'elle étoit annoncée, le jeudi 15, à huit heures du matin. Elle ne se trouva complète que vers les onze heures : les électeurs des cantons lointains n'étant pas arrivés. Cela n'empêcha pas de travailler aux opérations préliminaires, pour l'élection des président, secrétaire et scrutateurs, sous la présidence du doyen d'âge, les plus anciens après lui remplissant provisoirement les fonctions de scrutateurs. L'assemblée se tint à la Redoute, comme cela étoit convenu. On n'eut pas besoin de dresser exprès un théâtre, mais il ne manquoit ni table, couverte d'un tapis vert, pour le président, ni table pour les scrutateurs et une autre pour le secrétaire. Il y avait jusqu'à la clochette

[1] Les membres administrateurs du district de Laval nommés le 8 juillet 1790, étaient MM. Barbeu, qui cessa le 16 septembre 1790 pour passer au tribunal du district ; Barré, père ; Le Pennetier ; Lilavois ; Bechet, mort le 3 novembre 1790 ; *Duchemin de Villiers*, procureur syndic, remplacé le 8 février 1791, par M. Lilavois ; Martin, secrétaire (*Arch. de la Mayenne*, L. 209).

pour rappeler à l'ordre. M. Jeudry fut nommé président à une très grande majorité, et MM. Boullard, Chaillet et le curé de Saint-Hilaire [1], scrutateurs; et M. Delélée, que sans doute vous ne connaissez pas, fut élu secrétaire. Voilà les opérations du matin. Il était midi, la séance fut levée et remise à deux heures après-midi.

L'après-midi, à l'ouverture de la séance, la municipalité, accompagnée des notables, se rendit à la salle de l'Assemblée, le maire à la tête. Il prononça un discours auquel notre président répondit. Les deux discours ont été inscrits dans le procès-verbal. On invita la municipalité d'assister à la séance. Vint ensuite la députation de la garde nationale, accompagnée de la musique [2]. M. Lefizelier-Rogerie, major, étant en tête,

[1] Étienne Cormier de la Potinière, né à Laval en 1755, pourvu de la cure de Saint-Hilaire le 30 novembre 1787 et installé le 3 janvier suivant. Élu d'abord maire de sa commune, il fut nommé administrateur du district, mais donna bientôt sa démission. Il émigra en Angleterre et fut attaché comme aumônier au comte d'Artois. Il mourut à Laval en 1824, chanoine honoraire, aumônier de l'Hôtel-Dieu et supérieur de plusieurs communautés.

[2] *Officiers connus de la légion d'Ernée :*

Colonel : Jean-François Duval de la Berrangerie.

Lieutenant-colonel : Henri-Samuel-Antoine Picot de Pontaubray.

Major : François-Pierre Lefizelier, sieur de la Rogerie.

Aide-major : Joseph Boullier de Branche.

Chirurgien aide-major : Jean-René Jeudry, sieur du Hameau.

Capitaine des dragons : Louis-Pierre, marquis de Saint-Gilles.

Porte-drapeau : Le Nicolais-Deshayes et Joseph Gallouin.

Capitaines : Le Pescheux, Michel Le Cour, Le Nicolais, J.-B. du Boisberranger, Renou.

Lieutenants : Michel Poulain, Jean Saigne, Charles Crespin, Charles Bellot.

Sous-lieutenants : J.-J. Dupont-Ferté, René-Yves Duvivier, Trippier, N....

Le curé de Saint-Hilaire (Étienne Cormier).

Commissaires de l'assemblée des électeurs : MM. Boullier et François-Michel Le Tissier du Coudray, licencié en droit, notaire à Chailland. Delelée (*Arch. nat.*, C, 114. — État-Civil d'Ernée).

prononça un discours (qui n'étoit pas sans doute de sa composition : on dit que c'est M. Jourdin qui l'avoit fait). Le président lui répondit, et les deux discours furent également inscrits dans le procès-verbal. Avant l'arrivée de la garde, et lorsque la municipalité était encore dans la salle, il fut voté de faire célébrer pour le lendemain une messe du Saint-Esprit, à huit heures du matin, dans l'église paroissiale. On reprit la discussion lorsque la municipalité fut retirée, et il fut convenu que le lendemain, à huit heures du matin, il seroit célébré par M. le curé de Saint-Hilaire une messe précédée du *Veni Creator*, à laquelle on inviterait MM. du clergé, la municipalité, la garde nationale, les dragons, les Roussillons, la maréchaussée, M. le commissaire du roi, les membres du département non électeurs. Il fut nommé pour cet effet deux commissaires. J'en étois un, avec M. Le Tessier, de Chailland.

Tout cela fait, il fut question de nommer les douze membres du district, quand s'éleva une discussion sur le mode d'élection. On étoit généralement d'accord qu'il y en eût un nommé dans chaque canton, mais les uns vouloient qu'il fût nommé par les électeurs du canton, seuls, les autres par tous les électeurs en général. Je ne vous détaillerai point tout ce qui fut dit de part et d'autre, les avis divers, les motions, les discours pour et contre. Je me contenterai de vous dire que la discussion dura tout le reste de l'après-midi, et qu'on leva la séance sans avoir pu être d'accord. Enfin, le lendemain matin, après la messe, il fut enfin déterminé qu'on nommeroit un membre par chaque canton, un seul séparément tour à tour par chaque canton, en suivant l'ordre établi sur la liste imprimée, et que tous les électeurs donneroient leur voix, et que, quant aux trois membres restants, ils seraient pris indifféremment sur tout le district, ainsi que le procureur syndic. Et c'est ainsi qu'on a procédé. Ils furent nommés tous les neuf ce jour-là, après quoi on procéda à l'élection du procureur syndic. Cette journée avait été assez bien employée. Il étoit alors près de sept heures. La séance fut levée et remise au lendemain, samedi 17, à huit heures du matin, pour l'élection des trois autres membres restant à nommer. Et ledit jour samedi 17, à 8 heures du matin, on procéda à l'élection des trois membres pour compléter les douze composant le district [1] ; et comme l'assemblée devait finir par là, il fut décidé qu'il seroit chanté à trois heures dans l'église des Dames Religieuses hospitalières un *Te Deum*, à laquelle solennité seroient invités les Corps qui avoient assisté à la messe du Saint-

[1] *Membres élus du District d'Ernée* (Les cinq premiers membres du Directoire) :

1. Joseph Le Jariel, conseiller du Roi, ex-président du grenier à sel d'Ernée, président du District.
2. Julien de Gruel-Saint-Hilaire, propriétaire en Larchamp et la Pellerine, demeurant à Ernée (démissionne en décembre 1790).
3. Jean-François Dodard, avocat, ex-procureur fiscal d'Ernée.
4. François-Jean-René Le Métayer, notaire et propriétaire à Levaré.
5. Denys-Pierre-Jacques Dodard, licencié en droit, notaire à Fougerolles.
6. Charles Robert, ci-devant greffier de la communauté de Saint-Pierre-des-Landes.
7. Jean Goyet, sieur du Feil, demeurant à Vautortes.
8. Jacques-Michel Delelée.
9. Étienne Cormier, sieur de la Potinière, curé de Saint-Hilaire-des-Landes.
10. Urbain Tripier, propriétaire à Colombiers.
11. Joseph-Jean-Pierre Letaillandier.
12. Louis Lemoine, notaire au Bourgneuf.

Procureur-syndic : Julien-François Jeudry, avocat à Ernée.
Secrétaire du District : René-Charles Clouard, notaire.
Trésorier : Julien Le Pescheux.

Esprit (la veille, car chez nous le *Te Deum* a suivi de près le *Veni Creator*). Cela me donna une nouvelle promenade. Nous partimes, M. Le Tessier et moi, pour remplir notre mission lorsque nous eûmes donné notre bulletin.

Pour ne point interrompre le fil des opérations de l'assemblée, je ne vous ai point parlé de la cérémonie du *Veni Creator*. J'y viens : On partit à huit heures de la salle où s'étaient rendus MM. de la municipalité accompagnés des notables, et MM. de la garde nationale. Il fut décidé qu'on suivrait exactement le même ordre qu'à Laval. En conséquence MM. de la garde nationale ouvroient la marche ; venoient ensuite tous les électeurs, le président en tête, ayant avec lui, à sa droite, le commissaire du roi, le secrétaire de l'assemblée à gauche ; après, marchoit la municipalité suivie des notables. Les Roussillons [1], la maréchaussée et un détachement de la garde fermoient la marche. Enfin, tout comme à Laval. La seule différence, c'est qu'ici nous marchions deux à deux, tandis qu'à Laval on étoit quatre à quatre. Vous sentez la raison de la différence de ces deux manœuvres ; d'ailleurs la même chose fut observée pour la cérémonie du *Te Deum*.

Il y eut même, à propos de la première cérémonie, une circonstance que je ne dois pas omettre. Vous en entendrez parler, cela a fait assez de bruit ici. On a trouvé fort mauvais que quatre de nos ecclésiastiques soient restés dans la sacristie pendant le *Veni Creator*, la messe et le salut qui suivirent, qu'ils ne soient sortis qu'après que la cérémonie fut finie. Il y en eut même

[1] Un détachement du régiment de Roussillon avait été envoyé à Ernée pour assurer et maintenir l'ordre.

qui poussèrent la chose au point de vouloir faire insérer cette circonstance dans le procès-verbal, ce qui a été fait. Je tâchai de prendre leur parti ; je dis même que l'on pouvoit regarder cela comme une attention pour nous laisser les places du chœur. Ma motion n'eut point de succès. On a inscrit cette espèce de dénonciation dans le procès-verbal, aussi vous en entendrez sûrement parler puisque cette pièce doit être envoyée au Département. Mais comme l'on pourroit ne pas faire attention à cet objet, je vous prie bien de n'en rien dire à personne à moins qu'on ne vous en parle. J'aurois trop de chagrin d'être la cause indirecte que cela fût connu du Département, moi qui voudrois au contraire que cela ne fût connu que de moi, qui désirerois que ce fût une affaire finie et qui aurois bien voulu que le reproche eût tombé sur moi, comme chargé de les inviter, pour que cela n'eût pas été plus loin. Au reste, je pense que cette affaire n'ira pas plus loin que le Département. Je ne crois pas que les procès-verbaux d'assemblée de district aillent jusqu'à l'Assemblée nationale, et dans tous les cas on ne pourroit regarder cela que comme un manque d'honnêteté. Cependant je désirerois bien avoir assez d'influence seulement pour empêcher que cela n'allât jusqu'à l'Assemblée nationale. Vu les circonstances, je désirerois bien que vous puissiez pressentir, à ce sujet, les intentions de M. Delaroche[1], procureur général. Toutefois, au cas qu'il ait fait attention à cette circonstance, ce qui vous sera facile de savoir en lui demandant des nouvelles du procès-verbal d'Ernée, vous pouvez dire que connaissant ce pays-là,

[1] René-Pierre Enjubault la Roche, fils de René-Urbain, député à l'Assemblée nationale.

votre sœur y demeurant, vous vous y intéressez. Et s'il paraissoit dans le dessein d'en donner connaissance à l'Assemblée, tâcher de l'en détourner, l'engager à la modération, la douceur et la paix. Mais sans me citer en rien. Vous sentez de quelle conséquence cela seroit et que je pourrois en essuyer des désagréments, si ceux qui sont contre eux savaient que j'avois en secret sollicité en leur faveur. Pour moi, je n'ai eu et n'ai en vue, en prenant la défense du clergé de notre ville, que des motifs de douceur, de paix, de modération. Je n'ai été prié par aucun d'eux de m'intéresser à eux, je ne suis point leur parent, ni même de connaissance particulière, sinon d'un d'entre eux, mais je m'intéresse toujours aux malheureux, et vous savez si dans ce moment le clergé est bien vu. D'ailleurs les ministres d'une religion aussi sainte que la nôtre ne méritent-ils pas des égards ? Demandez à M. l'abbé Touchard [1], votre oncle, ce qu'il dit de ma façon de penser. Le secret que je vous demande n'est pas pour lui.

VIII

Ernée, 19 octobre 1790.

Monsieur Boullier à Monsieur Duchemin de Villiers.

(Élection des Juges. — Service funèbre pour les gardes nationaux).

. . . . Je pense que c'est actuellement le moment de

[1] C'est à cet ecclésiastique très estimable, qu'est adressée la lettre IX de l'abbé Thoumin Desvaupons.

la crise dans votre ville, pour l'élection des juges[1]. Il y en a peut-être déjà beaucoup de nommés puisque l'assemblée a dû commencer hier. C'est à notre tour mardi prochain 26[2]. J'ai reçu comme électeur un billet d'invitation, pour me trouver ce jour-là. Si vos affaires vous le permettent, vous m'obligerez infiniment de me faire connaître les élus de votre ville, le plutôt que vous pourrez. Outre le motif d'intérêt que je prends à tout ce qui regarde Laval, j'ai encore une autre raison de connaître ceux qui auront été nommés juges, pour ne pas leur donner de voix pour le tribunal de notre district, si j'avois des vues sur quelqu'un d'eux, ce qui serait des

[1] Les membres du tribunal du district, nommés le 29 octobre 1790, étaient : MM. Barbeu, encore en fonction en juillet 1791; Hoisnard; Guays; Gombert; Gautier, commissaire; Aubry, greffier (*Arch. de la Mayenne*, L. 209).

[2] Le tribunal d'Ernée fut ainsi composé.

Président : Louis-Michel Laureau.

Juges : Jean-François Duval de la Berrangerie : Julien Pichot de la Graverie ; Julien Le Jariel et François-Augustin Beauvais.

Juge suppléant : Jean-François Boullier de la Touche.

Commissaire du Roi : Jean-François Le Dauphin des Tesnières, demeurant à Désertines, ex-procureur fiscal et avocat en Parlement et au siège de Pontmain.

Accusateur public : Pierre-Paul-Marie-Joseph Gesbert.

Greffier : Gaspard-Louis Boullard, notaire à Ernée (remplacé en 1791 par François Dobaire La Guillaumière, aussi notaire à Ernée).

Commis-greffier : Michel-Georges Goudal, huissier à Ernée (remplacé en 1791 par François-Marie Bicaille, praticien, ex-commis aux aides).

Anciens avocats autorisés à postuler et plaider devant le tribunal :

Julien-François Jeudry.

Charles Pottier.

Charles de Lorière (juge de paix d'Ernée en 1791).

Jacques-René Grosse.

Julien Le-Châtelain.

Charles-Marie-Jean-Baptiste Jourdain du Rocher.

Jean-François Dodard.

Nouveaux avocats : Pierre-Paul-Marie-Joseph Gesbert, reçu en 1791 ; Julien-Marie-Constant Quantin, reçu en 1792.

voix perdues ; et il pourra s'en trouver sur le nombre de ceux qui n'auront pas eu part aux faveurs de Laval, sur lesquels on pourroit jeter ses vues ici. La nomination se fait à Mayenne, vendredi 22, et je compte bien que nous aurons la liste des élus de Mayenne, avant de nommer ici. . . . .

Lundi prochain 25, il y aura ici un service pour les gardes nationaux morts à Nancy, auquel nos Messieurs officiers militaires ont invité les fédérés de notre district.

IX

Dol, 26 février 1791.

Monsieur Desvaupons[1] *à M. Touchard, prêtre de la paroisse de la Trinité.*

Vous me fites l'honneur de m'écrire dans le temps de ma nomination au nouvel évêché qu'on désiroit voir

[1] Michel-Joseph Thoumin-Desvaupons, fils de Michel Thoumin, qui avait épousé, en 1717, Charlotte Lemesnager, de Courcité, prêtre et docteur en théologie, 1757, exerça d'abord les fonctions d'aumônier dans une communauté de Mayenne, sa ville natale. Successivement curé de Brécé, 1765, et d'Aron, il permuta en 1772, avec M. Paul Gédéon de Rabec, chanoine de Dol, devint vicaire général et archidiacre de ce diocèse. Passionné pour l'étude, il fit de nombreux voyages scientifiques, notamment en Angleterre et en Italie, revint à Dol, 1778, se démit de son canonicat pour ne plus vivre que dans le travail et la retraite. Avec 12.000 livres de rente, il logeait au séminaire de Dol, menant la vie la plus simple et consacrant toute sa fortune aux pauvres. C'est là que les deux députés de l'Assemblée, MM. Lefebvre-Champorin, son ami, et Cheminaut, vinrent le trouver pour lui annoncer le choix que les électeurs du dépar-

érigé à Laval, que vous étiez bien aise qu'on eût jeté les yeux sur ma personne; que néanmoins l'Église n'ayant point encore fait connoître son vœu à ce sujet, le clergé de la Trinité n'avoit pas cru devoir assister à la messe où j'avois été proclamé. Je vous répondis que j'approuvois la conduite du clergé, qu'elle étoit conforme à mes principes. Quand Monsieur l'évêque de Dol m'avoit comme forcé d'accepter, ce n'avoit été que dans l'espérance que le Saint-Siège, devant qui l'affaire des créations et suppressions étoit pendante, répondroit favorablement en ce qui concernoit celle de Laval. J'écrivis en conséquence vers les fêtes de Noël au Pape, lui fis un exposé abrégé de ma nomination et lui demandoi quel parti je devois prendre, le priant de me tracer la route. Depuis deux mois, les choses ont bien changé,

tement avaient fait de lui pour l'évêché de Laval, 14 décembre 1790. A toutes leurs avances il répondit par un refus formel, qui consterna l'assemblée de Laval; puis, sur les instances réitérées de l'évêque de Dol, Mgr François de Hercé, son compatriote et son ami, il finit par accepter, quoique avec répugnance. Mais après mûres réflexions, il vit combien cette élection était contraire à toutes les lois de l'Église et envoya, le 22 février 1791, sa démission définitive. Trois jours après, il recevait du Saint-Siège, qu'il avait consulté, un bref le confirmant dans la résolution qu'il avait prise et qui fait le plus grand honneur à son caractère. Dès lors, M. Desvaupons se retira à Mayenne. Après l'arrêt du Directoire du 23 mars 1792, il vint avec Mgr de Hercé, son évêque, se constituer prisonnier à Laval, avec lui il fut renfermé au couvent des Cordeliers, et partit avec lui pour l'exil le 27 août 1792. De Jersey, il passa à Londres, puis à Winchester, à Wallingford, à Dorchester et enfin à Overy, petite localité voisine. En tous ces lieux, il exerçait le ministère et poursuivait avec ardeur ses études. Atteint d'une maladie qu'on attribua à l'excès de travail, il mourut le 2 mars 1798 à Overy, dans les bras d'un ami. Sa dépouille mortelle repose dans l'église catholique d'Overy, et sur la pierre de son tombeau on a gravé une épitaphe qui perpétue le souvenir de ses vertus et de sa fidélité inviolable à son Dieu et à son Roi.

Cette belle lettre n'est donnée qu'en analyse dans les *Mémoires sur le district de Laval* de M. Boullier.

et sans attendre la réponse du pape, j'ai vu qu'il m'étoit impossible d'accepter. En conséquence, il y a déjà un certain temps que j'ai mandé que je me démettois du droit que pouvoit me donner ma nomination, qu'on m'en envoyât une formule que je transcrirois. On l'a fait, je l'ai transcrite et signée le 22 courant, et on a dû la recevoir à Laval le 24. Hier enfin, 25, j'ai reçu une lettre du Pape, où il m'exhorte à ne pas accepter et me le conseille. Il n'entre point dans la question du fond, ni du jugement qu'il prononcera pour l'avenir. Malgré cela, j'ai cru vous faire plaisir de vous envoyer une copie de la lettre qu'il m'a écrite en forme de bref. Cette réponse insinue quelle est sa façon de penser sur tout ce qui se passe en France, au sujet des suppressions et créations d'évêchés. Il s'ensuit de ce bref que la démission que j'ai donnée est conforme aux intentions du Pape et que, sans le savoir, j'ai rempli sa volonté. S'il y a quelque chose de nouveau dans votre ville, vous m'obligerez de m'en faire part.

X

Dans les papiers de M. de Villiers, on a retrouvé les deux notes suivantes, la première écrite au lendemain des massacres des 2, 3, 4 et 5 septembre, et la seconde relatant en phrases coupées, elliptiques, son emprisonnement, le 26 mars 1793, ses impressions, les événements dont il est témoin, afin de les fixer dans sa mémoire et d'en faire plus facilement dans la suite une rédaction définitive.

8 septembre 1792.

Commissaires envoyés par le pouvoir exécutif, pour l'exécution des décrets relatifs aux levées d'hommes, aux approvisionnements d'armes. — On bat la générale ; on assemble tous les citoyens le matin. Grand embarras pour savoir si l'on doit aller ou non. Les uns restent chez eux (moi), les autres vont de force. Les commissaires sont deux jeunes gens de 26 à 28 ans, clercs de procureurs, fort Jacobins, débitant des horreurs sur le Roi : *L'animal royal est enfin muselé par le peuple ;* contre la religion, et cherchent à animer contre les prêtres et les nobles. — Ils mettent tout en fermentation. — Il paraît que tout le monde va partir, depuis 16 ans jusqu'à 45, même des gens mariés sans enfants. Grande inquiétude de tout le monde. Les uns songent à se cacher, en craignant de faire mettre le feu à leur maison. Les autres s'engagent dans les troupes de ligne pour émigrer ; on refuse l'engagement à d'autres ; on refuse absolument des passeports. On prévoit qu'ici les jeunes gens aristocrates partent exprès pour passer. On veut que les démocrates qui partiront avec eux soient en nombre double pour les contenir ; on les menace. — Inquiétudes générales. On veut jusqu'aux domestiques ; on fait des listes de tout le monde [1].

[1] Séance du 8 septembre 1792, l'an quatrième de la liberté et la première de l'égalité . . . .

Sont entrés dans la salle du département, MM. les administrateurs du district et MM. composant le conseil général de la commune de Laval. On est venu prévenir les trois corps administratifs qu'en vertu du réquisitoire d'hier, la garde nationale était réunie dans l'église des ci-devant Jacobins. Les administrateurs s'y sont rendus et une députation est allée chercher MM. les commissaires du pouvoir exécutif qui, arrivés au milieu de la garde nationale, ont (tenu) des discours pleins de feu et de patriotisme ; ils ont fait connaître le danger de la patrie et il n'en a pas fallu davantage pour que les braves citoyens du canton de Laval n'ayent été enflammés du désir de voler à sa défense. Les cris de : *Vive la nation !* se sont fait entendre de toutes parts et les gardes nationales ont déclaré que

Le dimanche 9 elles continuent. Le 10, jour de la foire, on apprend et l'on voit par les nouvelles que l'on a plus d'hommes que d'armes.

En vertu des décrets qui autorisent les visites domicilières, pour constater et enlever les armes, munitions, chevaux, chacun tremble et cache ses effets, on craint toujours le pillage.

Le jour de la foire, vers trois ou quatre heures, des gardes nationaux vont se poster à tous les débouchés de la ville ; on arrête généralement tous les chevaux, ce qui fait une grande sensation. — Affliction des paysans. — Enfin on ne retient que les chevaux de luxe, et le soir on renvoie les autres. — Le 12 septembre, départ de beaucoup d'ecclésiastiques pour la déportation, de M. l'abbé Blaisot[1] qui avoit logé chez nous. — Le 11 sep-

toutes (*sic*) les jeunes gens, depuis l'âge de seize ans jusqu'à quarante-cinq, et les hommes mariés sans enfants, marcheroient vers la frontière. MM. les commissaires, après avoir chargé les capitaines de chaque compagnie de fournir l'état des armes et des hommes dans le cas d'être enrôlés, ont levé la séance et l'ont indiquée pour l'après-midy à quatre heures.

Et à quatre heures de l'après-midy, MM. les commissaires du pouvoir exécutif sont rentrés dans l'église des ci-devant Jacobins, accompagnés des membres des trois corps administratifs ; ils ont remercié la garde nationale de sa bonne volonté, lui ont représenté qu'ils avoient ordre de ne recevoir que les hommes ayant des fusils de munition, qu'ainsi ils ne pourroient admettre pour le moment actuel que ceux qui se présenteroient armés, et ils ont observé que si cette levée ne suffisoit pas, on feroit partir de nouveau des gardes nationales à mesure que le pouvoir exécutif feroit passer des armes, de la fabrication desquelles on s'occupait dans ce moment-ci avec la plus grande activité.

Après plusieurs débats, tous dictés par le patriotisme le plus pur, on a admis la proposition de MM. les commissaires (*Arch. de la Mayenne*, Registre du Directoire du Département).

[1] Louis-Michel Blaisot, vicaire de Vaiges, prit en effet un passeport le 2 septembre et se rendit en Espagne. Dom Piolin dit à tort qu'il fut déporté à Jersey. M. Boullier, qui devait bien le connaître

tembre emprisonnement de M. Aurat de la Chevinière [1], pour avoir refusé son cheval. — Les nouvelles des massacres du 2 et du 3, à Paris, nous plongent dans la plus grande tristesse. On craint que notre province n'imite ces affreux exemples. Angers y paroît disposé. Les prêtres du Mans et d'Angers, partis pour être déportés, sont détenus au château, mal logés, à peine nourris. Pourquoi les retenir là? Il paroît qu'au lieu de les déporter, on a la tentation de les égorger [2]. Ceux de Rennes sont encore au château de Saint-Malo. — Personne n'est sûr de sa tête. — On annonce à chaque instant que l'on va faire des fouilles pour l'argenterie, pour les écus, pour les brochures aristocrates, pour les papiers particuliers contenant des correspondances avec les émigrés, pour les livres de piété, pour enlever toutes

par ses relations de famille, écrit : « Qu'ayant appris la mort de M. de Savignac, son curé, et craignant que sa paroisse ne fût dépourvue de secours religieux, il rentra en France (en 1796) et rendit de grands services à Vaiges et aux paroisses voisines. Ce saint prêtre mourut avant que la paix fût rendue à l'Église » (*Mémoires ecclésiastiques*, p. 488).

[1] Roland-François Aurat de la Chauvinière. Il avait épousé à Saint-Vénérand, en l'année 1788, demoiselle Julie Richard de la Fournerie.

[2] Les cent cinquante prêtres du diocèse arrivèrent à Angers en deux escouades; l'une, qui fit la route à pied, partit le 28 août 1792 et était à Angers le 31, l'autre y arriva le lendemain. Tous furent jetés dans la chapelle du château après avoir souffert tous les outrages de la populace, qui les poursuivit jusque dans leur asile. Pendant trois jours on n'ouvrit pas même les fenêtres pour renouveler l'air empesté. En retenant les malheureux prêtres au château d'Angers, l'intention des révolutionnaires était, en effet, de leur faire subir le sort de ceux qui furent massacrés aux Carmes dans les mêmes jours. « La question fut agitée au club pendant plus de six heures, écrit M. Courte, curé de Saint-Jean-de-la-Cheverie, au Mans, né à Laval; le moment proposé pour cette exécution était la nuit de la Nativité au dimanche. Mais ce qui l'arrêta, ce fut la manière dont le duc de Brunswick en avait usé à l'égard du bataillon d'Angers, fait prisonnier par lui à Verdun » (D. Piolin, VIII, p. 14).

ces choses-là. Tout est possible, puisqu'on a bien enlevé déjà les armes, aussi l'on tremble toujours, l'on cache tout.

La postérité s'étonnera peut-être que les honnêtes gens aient ainsi laissé faire les fripons sans résistance. Qu'on sache que celle-ci est impossible. Si l'on prenoit la moindre disposition de résistance, si l'on prenoit les moindres mesures, les plus permises, et qu'ils le sussent, alors ils les travestiroient en complots horribles, les porteroient au peuple comme des intentions hostiles, feroient un vacarme affreux, tout seroit à feu et à sang. Témoin la scène du désarmement, où ils avoient pris des précautions excessives. — Le peuple est sous l'empire de leur séduction ; ils ont la force publique, les armes, des canons (on en a fait fondre et monter quatre neufs pour la ville, qui sont braqués à la Chiffolière ou place d'armes). La moindre imprudence seroit fatale [1].

Traits de leur perfidie. Ils sentent leur injustice, et la veulent toute entière. Lorsque dans mon état, j'ai voulu, en plaidant au tribunal ou dans des requêtes faites pour des particuliers aux corps administratifs, la leur représenter avec force, plus je l'ai mise en évidence, plus je les ai vu rougir de fureur et s'animer, et plus ils se sont disposés à exercer des injustices. On ose à peine réclamer, parce que si on les contraint à rendre justice, ou si on leur prouve leur injustice, ils vous en punissent en ameutant le peuple contre vous,

[1] Tout en reconnaissant combien l'opinion exprimée ici par M. Duchemin de Villiers avait de crédit sur la grande majorité des esprits, n'oublions pas que d'autres eurent plus d'énergie, et qu'on doit plus à ceux-ci pour la conservation des vrais principes religieux et sociaux, qu'à ceux qui craignaient toujours de compromettre la faible dose de sécurité qu'on leur promettait encore.

et vous exposent au pillage et à l'incendie. On a dit au district que j'exposois la maison de mon père en faisant mes efforts pour faire réduire des taxes de contribution plus que doubles de ce qu'elles devoient être suivant la loï, sur d'honnêtes gens persécutés. En faisant toutes les injustices de détail qu'ils peuvent dans les impositions, l'administration, etc., il faut la plus grande prudence pour éviter leur fureur. Leurs faveurs consistent en la remise des injustices, des violences.

L'affaire des bœufs en la prairie de M..... est à retenir. On demande ; avant qu'on ait accordé, on enfonce les portes ; on dispose à sa fantaisie, on ordonne au fermier de planter des pieux, etc. C'est ainsi qu'on exécute la loi qu'on a jurée !

Les 2 et 3 septembre, on avoit massacré les prêtres détenus dans différentes maisons à Paris, et presque tous les prisonniers ; c'est une atrocité horrible. Massacre pareil des prisonniers d'Orléans, peu de jours après, près Versailles. On les amenoit à Paris, quoiqu'un décret ordonnât leur translation à Saumur [1].

Le 27 septembre, affaire sanglante du Bourgneuf. Les paroisses voisines, démocrates enragées, notamment celle d'Andouillé, étoient allées faire de fréquents pillages sur le Bourgneuf. Le château de Fresnay avoit été entièrement pillé. Les habitants du Bourgneuf fati-

[1] L'odieux de ce massacre retombe sur Fournier, l'américain qui devait conduire les soixante-dix-neuf prisonniers (parmi lesquels Brissac, ancien commandant de la garde du roi, et le ministre Delessart), au château de Saumur, et qui les amena à Versailles pour les livrer à une bande d'égorgeurs envoyée par la commune de Paris. C'était le 9 septembre. Tous les efforts faits par les administrateurs de Seine-et-Oise pour les sauver furent inutiles. Huit seulement parvinrent à s'échapper.

gués, ainsi que plusieurs paroisses voisines bien pensantes, ont pris le parti de repousser ces brigands par la force et en ont tué plusieurs. On a traité cette défense de révolte. Toute la garde nationale de la ville y est allée, en a tué trois, et en a amené une douzaine auxquels on va faire le procès. Ils paroissent avoir des torts ; mais le mensonge va défigurer l'affaire dans la procédure ; on veut qu'ils périssent. Le 8 octobre 1792, départ de mon oncle[1] pour la déportation par Saint-Malo.

Le 1er janvier 1793, affaire de Bourgon. On étoit allé pour y saisir des personnes. On fit feu. On retourna en grand nombre ledit jour avec canons, milices de Laval, Ernée, Vitré. Fuite des paysans. Dévastation, pillage du bourg, pains, viandes, salaisons, bancs de l'église, meubles du curé. Pleurs des femmes. Vols.

(Notes et pressentiments postérieurs).

Nuit du lundi 25 au mardi 26 mars 1793, deux heures du matin. Marchand, client, Boulard, Sauvé, Capet, ancien camarade, Bichard, etc. ; les uns par la rue, les autres par la cour ; sabres nus ; larmes ; conduite de mon père ; dépôt dans le réfectoire[2] ; conversation et

[1] Pierre-Léon Touschard de Sainte-Plaine, frère de Mme Duchemin ; né à Laval en 1735, il y resta prêtre habitué, sans fonctions dans le ministère paroissial, mais très zélé pour les bonnes œuvres et fort considéré. C'est à lui qu'est adressée la lettre rapportée plus haut de M. Thoumin-Desvaupons. En Angleterre, il desservit une chapelle française. Quand il put rentrer à Laval, en 1801, il se dévoua comme par le passé, contribua à rétablir le bureau de charité et à préparer des recrues pour le clergé, jusqu'à sa mort, arrivée en 1810. M. Boullier, curé de la Trinité, qui en parle ainsi était son petit-neveu.

[2] Listes des personnes détenues en la maison des Bénédictines,

gaité. — Réflexions sur les imputations; l'affaire du

arrêtées le 26 mars 1793 et jours suivants :

1. Mme de Monfrand.
2, 3. Mr et Mme Hardy de Lévaré.
4, 5. Mr et Mme Hardy de la Charbonnerie.
6. Mr Le Pennetier (sorti le 16 mai).
7. Mr Dellière.
8. Mr du Buat.
9. Mr Hovius.
10. Mr Lemarchand (sorti le 16 mai).
11. Mr Mouton.
12. Mme de Glatigné.
13. Mlle Matagrin, l'aînée.
14. Mme Le Clerc de Beaulieu.
15, 16. Mr et Mme Berset d'Hauterive.
17. Mr de Valleaux (sorti le 2 juin).
18. Mr Dubois de Beauregard.
19. Mme Corbier.
20. Mr d'Aubert de Loresse.
21. Mr Rousselet.
22. Mr Du Mans de Chalais (sorti le 11 mai).
23. Mr Aurat de la Chauvinière (sorti le 11 mai).
24. Mr de Glatigné.
25. Mr Sauvage de la Ville.
26. Mr (Duchemin) de Villiers, fils.
27. Mr Devernay-Duronceray (sorti le 2 juillet).
28. Mr Berset.
29. Mr de Vaufleury.
30, 31. Mme et Mlle (Le Clerc) de la Rongère.
32. Mr Saisbouez (sorti le 11 mai).
33. Mr Bruneau de la Garde (sorti le 11 mai).
34. Mlle Coustard de Souvré, l'aînée.
35. Mr l'abbé de Preaulx (sorti le 11 mai).
36. Mr Moreau du Boulay (sorti le 8 juillet).
37. Mr Gary (sorti le 16 mai).
38. Mr Jagu.
39. Mr Testard de la Caillerie (n'est resté que deux jours).
40. Mme La Roncière, de Villaines (arrivée vers le 25 avril, n'est restée que quelques jours).
41, 42. Mlle Hignard et Mlle Leveau (entrées le 23 avril, sorties le 30 juin).
43, 44. Mlle de Valleaux de Boisrobin, et Mlle de Valleaux des Noës (entrées le 17 mai, sorties le 2 juin).
45. Mr Berset, fils (entré le 31 mai).

(*Le 12 juillet 1793 tous les détenus ont été mis en liberté*).

recrutement du 10 mars ; les gens pris les armes à la main ; le décret de la commission des cinq et la nomination de cette commission, faite antérieurement, de Desmelières, Bry, Rochette, Lebourdais et Pannier; souvenirs du 2 septembre. Lieu où nous étions, auditoire criminel. Poële et bancs. On nous apporte à manger sur la table des juges. — On ne s'inquiète nullement de nous loger ; le concierge écrit ; réponse ; il prend sur lui de nous dire de choisir les chambres. Remuement pour le logement ; malpropreté ; point de domestiques. Plusieurs entassés en une chambre. Manger en commun dans les chambres particulières et plusieurs seuls. Appel par Livet. Un municipal vient, apporte le règlement [1]. On fait entrer des domestiques. — Larmes des visites des femmes. Concierge ; facilité, comédie, assignats. Convention avec ma sœur pour les bougies. — Samedi saint ; jugement (la veille) de deux paysans, qui nous glace le cœur. Exécution. Bruit des tambours. Patrouille autour de nous, canons, tambours, trompettes. Municipal en l'intérieur. Garde renforcée le soir, avec le commandant. — Bruits de projets contre nous, quatre hommes prétendus découverts qu'on garde à vue et fait partir. Gens du district de Villaines qu'on prétendit avoir des projets

[1] Règlement de police à observer dans la maison de détention des citoyens suspects, fait et arrêté par le Conseil de la commune :

Art. I. — Les personnes et les propriétés des reclus et recluses sont mises sous la sauvegarde de la loi.

Art. II. — Secret absolu.

Art. III. — Visite des vivres et vêtements apportés.

Art. IV. — Les citoyens Choquet, médecin, Hubert, chirurgien, Landelle et La Courbe, le jeune, perruquiers, pourront seuls être introduits, en leurs dites qualités, dans la maison.

Art. V. — Couvre-feu à neuf heures.

sinistres, ce qui fit renforcer la garde. Nous nous entretenions de tout cela. Tricots. Barricades. — Réflexions, dévotions. Papiers entretenant nos craintes, projets continuels des Jacobins. — Dureté de quelques gardes. Guichet du tour. — Contrebande, femme par le tour. — Promenades par la maison; vue des greniers; lorgnette; provision de bois; manger à deux grandes tables; gaîté; jeu, veillées, politique. — Détails de la prise de Mlle Souvré, requête. — Comique de notre situation au couvent avec des Dames, familiarité, séances du tribunal criminel auprès de nous. — Appel journalier et manière d'y répondre; point de requêtes ni de demandes. — Eau du puits. — Visites des municipaux aux parents et malades en la maison; sentinelles à leurs côtés pour veiller sur la contrebande. Craintes des volontaires de Versailles, maratistes. — Plaisirs, tontons, volant, etc.

XI

Lundi 19 août 1793.

Mademoiselle Artémise à Monsieur mon frère au pied d'un arbre, rêvant à........ assis sur l'herbe.

(Terchant. — Le curé de la Gravelle).

. . . . Samedi, alors que tu étois déjà parti, *ma prochaine sœur*, envoya sa Julie te dire qu'elle ne partiroit qu'aujourd'hui lundi parce qu'elle craignoit que la nouvelle d'un homme tué auprès de Terchant par les insurgés, ne se trouvât vraie. . . . .

Papa est chargé de t'apprendre tout ce qu'il y a de nouveau, cependant je ne puis m'empêcher de te dire que j'ai eu le chagrin de voir passer le curé de la Gravelle[1]. . . . .

[1] Étienne Leveau, né au Mans, vicaire de Mareil-en-Champagne, fut nommé à la cure de la Gravelle au mois de février 1789. Prêtre d'une foi aussi éclairée qu'intrépide, il refusa de se lier « par aucun serment envers les décrets qui regardent la religion, avant le concours libre de l'Église catholique, apostolique et romaine ». Il ne quitta point sa paroisse, malgré les intrus qui s'y succédèrent, et malgré l'ordre de se rendre à Laval, pour l'appel. En 1793, il resta caché à la Gravelle et dans le voisinage, exposant chaque jour sa vie pour voler au chevet de tous les malades qui le demandaient. Au mois d'août 1793, arrêté par la force armée à la ferme du Grand-Prieuré, de Ruillé-le-Gravelais, où il venait d'administrer un mourant, il fut conduit en prison à Laval et traité avec la dernière rigueur. A l'approche de l'armée vendéenne, avec tous les autres prêtres détenus à Laval, il fut transféré dans les prisons de Rambouillet. Là, oubliant ses propres souffrances, il se dévoua tout entier au service de ses confrères malades. A peine sorti des prisons de Rambouillet, au mois de janvier 1795, il courut à Paris implorer la liberté de tous les malheureux qu'il avait laissés dans les fers, revint à la Gravelle, puis à Laval où il rendit d'immenses services. M. Leveau fut un des prêtres du diocèse dont le zèle infatigable se fit le plus remarquer, d'abord comme sous-chef de mission, adjoint à M. Leballeur, et dans la suite comme desservant d'Avesnières et des Cordeliers, de 1800 à 1802. Sa réputation de doctrine et de sainteté était telle, qu'il fut un des trois juges choisis par M. Étienne Liger pour examiner ses trop fameuses brochures contre l'autorité ecclésiastique du Mans. Après le Concordat, les révolutionnaires de Laval, à qui il était odieux à cause de ses relations avec le parti royaliste, mirent tout en œuvre auprès du préfet pour empêcher qu'il remplit aucune fonction dans le département. M. Leveau fut donc obligé de repasser dans la Sarthe, devint curé de Mareil, puis directeur au séminaire, enfin chanoine et aumônier de l'hôpital du Mans, où il mourut le 5 juin 1824.

XII

Laval, 23 août 1793.

Mademoiselle Artémise Duchemin à son père.

(Commissaires).

Maman et tous nos proches sont en bonne santé, la ville est fort tranquille. Les soldats qui passèrent avant-hier étoient extrêmement sages. Les commissaires ne sont point encore arrivés [1]. Le Département est parti dans la nuit de lundi à mardi. M. Serveau [2] est resté seul avec Duval [3]. Je fus hier avec ma sœur lui parler pour affaires. Il attendoit le courrier pour faire revenir les collègues selon les nouvelles.....

[1] Le parti modéré du Directoire quitta la ville avant l'arrivée des commissaires du gouvernement, Esnue-Lavallée et Thirion, qui étaient à Laval le 24 août.

[2] René-Jean-Baptiste Serveau, dit Touchebaron, qu'il ne faut pas confondre avec son frère, François Serveau-Touchevalier, le conventionnel, né à Evron vers 1741, était bailli de cette ville lorsqu'il fut nommé membre du Directoire du département, le 7 juillet 1790. Destitué le 3 octobre 1793, par Esnue-Lavallée et Thirion, il fut rétabli dans ses fonctions le 13 floréal an III, par Grenot, Guezno et Guermeur, représentants du peuple, en mission dans la Mayenne. Il faisait partie de l'administration centrale du département, le 29 frimaire an VI, et fut délégué avec son collègue, Juliat-Morandière, pour fermer les loges des francs-maçons à Laval. Il présidait, en l'an VII, la première section du tribunal du département.

[3] Duval, nommé secrétaire général du Directoire du département, le 7 juillet 1790.

XIII

Laval, août 1793.

Mademoiselle Duchemin à Monsieur mon frère, au château de son très grand, très politique et très curieux ami Ch.

(Grain pris par les autorités. — Bruit de la mise en jugement de la Reine).

Le maire a envoyé ce matin deux commissaires enlever tout ce que papa déclara hier de bled. Il ne nous reste qu'environ soixante boisseaux qu'on ne promet pas de nous laisser. Durocher-Destouches, l'un des commissaires, nous a dit qu'à la Toussaint il n'y auroit plus de bled à Laval . . . .

. . . . . On me dit hier que Metz étoit pris, et que Nantes ne résisteroit pas à l'attaque qu'on lui préparoit pour aujourd'hui. Une lettre d'un volontaire qui a vu M. de la Forêterie, annonce la prise de Lille. Le bruit court qu'on va juger la Reine.

XIV

Mardi 27 août 1793.

Mademoiselle Artémise Duchemin à son père.

(Mesurées. — Envoi de garde nationale à Saint-Ouën. Commissaire. — Levée. — Chouans).

Hier au soir, Houdonnière vint chercher François pour mesurer. Les sabotiers et autres gens de cette espèce, faisoient le tapage à la Gaulerie[1] où étoit La Jeunesse. Ils veulent acheter le grain au prix qu'ils ont fait de 4 livres 10 sous. Ils avoient déjà rôdé chez nous ; François partit sur le champ. Il a fait la mesurée à deux heures cette nuit. Elle nous est arrivée ce matin à sept heures par des chemins détournés ; encore a-t-il fallu en vendre quatre boisseaux à quatre femmes qui étoient restées sur l'endroit. François a été obligé de se tenir caché jusqu'à ce que les autres, d'après une grande délibération, eussent décidé de s'en aller. En partant ils dirent qu'ils reviendroient ce matin, et que si la part du maître n'y était plus, ils prendroient celle du métayer. La Jeunesse n'osa aller à la Cordrays ; il va retourner aujourd'hui. On la croit prise. Vous avez eu cinquante-sept boisseaux. Le tambour battit hier le soir. On commandoit quatre hommes par compagnie, pour aller on

[1] La Gaulerie et la Cordraie sont deux fermes d'Ahuillé, qui appartenaient à la famille Duchemin.

ne sait trop où. Il y en a qui croient que c'est à Saint-Ouën. La Jeunesse fut de ce nombre ; il parla à M. de Chambré [1] qui lui dit de se faire remplacer ; il le fit. Ce matin, toutes les compagnies sont assemblées, j'ignore pourquoi. On dit que c'est pour assister à un tirage. Je vois que tous ces mouvements sont à la suite du passage du commissaire. Il ne montra au Département d'autre mission que celle de pourvoir aux subsistances et de faire payer le pain 3 sols la livre au peuple, mais il passa la nuit chez Rochette [2] avec les trois agents des maratistes. Ma sœur tenoit cette nouvelle d'un membre du Département. L'administration n'est point instruite du passage des troupes que vous nous annoncez. Hayer [3] le dit hier. Voici les *papiers nouvelles*. Le décret sur le mode de la levée en masse n'y est pas ; quelques journaux l'ont donné [4]. Les garçons, depuis 16 ans jusqu'à

[1] M. Besnier de Chambray, commandant de la garde nationale de Laval, était beau-frère de M. Dupont-Grandjardin, député à l'Assemblée nationale. Il se compromit par son adhésion au mouvement fédéraliste du mois de juin 1793. Menacé d'arrestation, il prit la fuite, se cacha jusqu'au passage des Vendéens à Laval, et vint se joindre à eux avec près de 3.000 chouans dont il conserva le commandement, sous le nom de Petite-Vendée. Un des chefs d'accusation porté contre M. Dupont-Grandjardin dans le procès du 6 pluviôse an II, fut sa parenté et ses intelligences « avec le nommé Chambray, son beau-frère, chef d'un parti considérable dans l'armée vendéenne ».

[2] Rochetté-Besnerie, commandant la garde nationale de Laval.

[3] Nicolas Hayer, notaire, officier municipal de Laval.

[4] Le recrutement dont il est question en cette lettre et dans les suivantes, se fit conformément aux lois portées par la Convention. Après l'entrée de l'armée austro-prussienne sur le territoire français, elle décréta, le 8 et le 22 juillet 1793, la patrie en danger et appela tous les citoyens aux armes. Au commencement du mois d'août, le Directoire du département porta un décret invitant tous les citoyens à voler au secours de la patrie. Pour opérer ce recrutement volontaire, on convoquait dans chaque bourg une assemblée générale. Un orateur envoyé par le district haranguait la foule, un huissier rece-

25, sont de la première réquisition ; les hommes forgeront des armes, les femmes feront les habits et les tentes, les enfants feront *du charpit (sic)*, et les vieillards iront dans les places exciter le patriotisme et la haine de la royauté. Voilà l'emploi de la masse du peuple. Il y aura, je crois, un exercice tous les jours pour ceux de la première réquisition, et il faudra qu'ils soient debout le 21 septembre. J'oubliois de vous dire, mon cher papa, que M. de Chambré dit hier à La Jeunesse que la nouvelle Constitution comprenoit les domestiques dans le service des gardes nationaux. Nous eûmes bien peur pour François hier au soir...... Il y a ici un adjudant de je ne sais quel général. Bessaire[1] a passé samedi, et dit qu'il falloit brûler le bois de Misdon et tous les alentours à vingt lieues. Je ne pense pas que cela s'exécute. On disoit hier qu'il y avoit 5.000 insurgés de la grande Vendée arrivés au bois de Misdon . . . .

vait les engagements et les inscrivait sur un registre. A Laval la municipalité profita de cet enrôlement pour faire des visites domiciliaires dans les maisons des aristocrates, sous prétexte de se procurer des armes pour équiper les volontaires. Le 15 août 1793, les Jacobins décidèrent que la levée de 300.000 hommes ne suffisait plus, que d'ailleurs l'enrôlement présentait trop de difficultés et trop de longueur, c'est pourquoi ils ordonnèrent la levée en masse et nommèrent dix-huit commissaires pour l'exécution du décret, avec faculté de remplacer à leur gré toutes les municipalités.

[1] Jean-Michel Beysser, né à Ribauvilliers (Alsace) en 1754, après avoir servi en Hollande, se trouvait à Lorient lorsque la Révolution éclata. Il fut fait major des dragons de cette ville et dissipa les premiers rassemblements royalistes de la Bretagne. Il servit en 1793, sous le général la Bourdonnaye, comme général de brigade, se distingua au siège de Nantes, et fut nommé général en chef de l'armée des côtes de la Rochelle. Le 9 septembre 1793, à la tête d'une colonne de la garnison de Mayence, il battit les Vendéens ; mais le 21 du même mois, il fut complètement défait et grièvement blessé. Après une nouvelle déroute, il fut décrété d'accusation et condamné à mort le 13 avril 1794, comme complice de Danton, Hébert, etc.

XV

29 août 1793.

Monsieur Charles Piquois [1] *à Monsieur de Villiers.*

(Garde civique).

. . . . . Tu vas recevoir des lettres de tes dames ; elles te raconteront ce qui fut dit hier, mais elles exigent

[1] Jean-Baptiste Piquois, négociant à Laval, avait épousé Louise Madeleine Turpin du Cormier, fille de Julien Turpin du Cormier et sœur du curé de la Trinité, de laquelle il eut au moins deux fils : Jacques et Charles-Marie. Il était mort lors du second passage des Vendéens à Laval ; sa femme est dite veuve à cette époque. Après le 23 octobre 1793, elle fut jetée, avec ses deux fils, dans les prisons de Laval. Dans le jugement qu'elle subit à Angers, le 12 frimaire an II, on lui reproche ses convictions, l'hospitalité qu'elle a donnée à deux nobles femmes vendéennes, lors de la première invasion des rebelles à Laval, et « 30.000 livres de rente tant en fonds qu'en mobilier et effets de commerce ». Ses fils sont coupables « de s'être montrés à toutes les époques de la Révolution en état d'aristocratie permanente ». Au second passage des Vendéens à Laval, le 25 novembre 1793, après leur échec sur Granville, Mme Piquois et ses deux fils furent conduits, avec les autres détenus de Laval, à Angers, où ils arrivèrent le 8 brumaire an II, et jugés le 12 du même mois. Le lendemain, les Vendéens arrivèrent aux portes d'Angers; on fit aussitôt évacuer les prisons. Charles et Jacques Piquois furent emmenés en prison à Doué, où Jacques mourut le 13 nivôse 1793. Mme Piquois fut envoyée au château de Montreuil-Bellay, où elle arriva le 14 frimaire. Bientôt une épidémie décima les prisonniers, entassés les uns sur les autres, et le Directoire d'Angers permit, à la fin de janvier 1794, de faire évacuer les survivants sur Blois et sur Chartres. Mme Piquois, trop âgée et trop infirme pour supporter un aussi long voyage,

que je t'en parle moi-même. L'adjudant qui est logé chez M. La Rongère, vis-à-vis la Tête-Noire, leur a parlé de toi : il sait ton nom et ta retraite [1] et il assure que tout le monde partira. Jusqu'à cette heure, je me suis toujours montré ; je suis d'une tranquillité qui ne m'est pas ordinaire, et que les craintes de mes amis n'ont pu altérer que momentanément. J'ai entendu débiter toutes sortes de nouvelles. On a dit qu'il ne fallait que trois cents hommes qui seraient relevés dans huit ou quinze jours, ou même dans un mois. On prétend que trois soldats nationaux ont été députés à cet adjudant pour lui signifier que leur intention était de ne rester que quinze jours, et de retourner dans leurs foyers après ce temps, quelque chose qui arrive, et de ne point passer les limites du département (Il paraît que ce sont les intentions de tous ceux qui ont été com-

resta à Montreuil, où elle mourut le 14 pluviôse an II. Charles Piquois était encore dans les prisons d'Angers le 24 pluviôse an II. Peu de temps après il fut mis en liberté et revint à Laval. Après le 9 thermidor on le voit paraître comme témoin dans le procès intenté aux terroristes de Laval. Il était alors âgé de vingt-neuf ans. François-Joseph Piquois, aussi négociant à Laval, est également cité comme témoin. Il était probablement de la même famille. Après son retour à Laval, M. Charles Piquois continua ses relations avec la famille Duchemin de Villiers. Littérateur et poëte en même temps que commerçant, il étudiait les auteurs des siècles d'Auguste et de Louis XIV, traduisait Horace et faisait des vers, qu'il s'empressait de venir réciter à Mlle Artémise. Le 6 juillet 1795, il lui apporta comme une grande curiosité, une prophétie imprimée depuis longtemps, qui annonçait tous les événements de la Révolution.

Un autre membre de la même famille, M. Antoine Piquois, remplissait les fonctions de maire à Laval, en 1795. Au mois de mai de cette même année, il se présente en qualité d'officier municipal à l'église de Patience, pour rétablir l'ordre troublé par les jacobins du voisinage.

[1] M. Duchemin de Villiers était, à cette époque, caché en divers asiles, tous des environs de Vaiges et de la terre de Villiers. Il partit pour Paris et Chartres vers le mois de décembre.

mandés, et cette opinion n'a point été démentie). L'adjudant leur a répondu, dit-on, que s'il eût voulu des hommes, soit pour la Vendée, soit pour la Bretagne (c'étaient là les soupçons), il les aurait demandés pour ces endroits, et qu'en cas de refus, il en aurait écrit à la Convention ; qu'il en a demandé pour le bois de Misdon, parce qu'il les voulait pour le bois de Misdon. Le bataillon s'est formé hier, et quoiqu'il se débitât qu'il ne devait partir que vendredi ou samedi, il est parti hier cent cinquante hommes. Le reste ignore le jour du départ. En les commandant ce matin, l'adjudant a dit qu'il ferait partir les autres quand il en recevrait l'ordre. Il a vu des soldats avec des faulx ; il leur a demandé quel était leur projet, s'ils comptaient faire une campagne. Il les a ensuite rassurés sur ses promesses et leur a conseillé de laisser leurs faulx, en leur disant qu'ils seraient ici peut-être dans quatre ou cinq jours. Il a réussi à donner à mon perruquier l'idée que les cent cinquante hommes qui restent pourraient bien ne point partir. Ce qu'il y a de certain, c'est qu'il n'y a pas d'autres hommes de commandés. . . . .
. . . . Quoiqu'il en soit de tout ceci, nous sommes convenus avec tes dames et Mlle La Rongère que tu dois quitter ton asile, mais la nuit et sans bruit, aller encore la nuit dans la retraite de Charles et sans lui : il t'y précèdera. Tu ne t'y montreras qu'avec les plus grandes précautions, et Charles pourra faire des voyages ici ou dans les environs. Je crois qu'il ne sera pas inutile de faire viser ton passeport dans la municipalité que tu habites maintenant. Cet adjudant, après avoir parlé de toi, a aussi parlé de moi. Il compte me faire une proposition qui ne me plait pas du tout : c'est de

l'accompagner dans ses tournées, ou bien il me faudra, dit-il, partir avec les autres. Il paraît fort instruit et ses espions le servent bien. Je compte prendre ici un asile où je resterai ignoré, et quand les choses auront pris une tournure plus sérieuse, je t'irai joindre la nuit. Au reste, ma santé, qui vaudrait mieux que mon certificat pour m'exempter, me conseille d'attendre encore la tournure qu'elle va prendre . . . .

XVI

Vendredi 30 août 1793.

M.....[1] *à Monsieur mon parrain, au retour d'une conversation politiphilosophique.*

(Recrutement. — Commissaires. — Décret des accaparements. Troupes à Angers).

Tu es un petit garçon fort peu raisonnable avec tes envies de revenir. Nous sommes tout à l'envers ici pour le recrutement. Il y a ici un adjudant, logé chez ta Demoiselle, qui veut que tout ce qu'il y a d'hommes ici partent. Elle vint me conter cela mercredi matin. Il te connoit et sait où tu es ; il le lui a dit. J'ai donné les gazettes à ceux du Pâtis, qui emportèrent des poches pour ceux de V..... Ils nous dirent que vous les enverriez chercher dans le Bois-du-Pin aujourd'hui, je leur donnoi aussi une longue lettre de ton ami qui contenoit

[1] Mlle Artémise Duchemin.

tout ce que Mademoiselle nous avoit dit à te marquer. Il faut selon son avis et le nôtre que tu quittes ton hôtel et que tu ailles chez Charles qui a une cache. Si ton ami est commandé, il ira vous retrouver. Voilà la substance de la lettre qui est au Bois-du-Pin avec les poches. Desp...[1] est en fuite ; il est commandé. Maman, hier, étoit fort de notre avis. Aujourd'hui, qu'elle voit la ville plus tranquille, et que tu as envie de revenir, elle semble pencher pour ton retour. Hier, elle me disoit que peut-être tu irois jusqu'à Paris ou aux environs. Tu la connois. Tu me demandes une longue lettre ; j'ai Mlle Levaré[2] qui m'empêche. Elle me dit qu'on raconte que tous ceux qui sont partis pour le bois de Misdon vont revenir ; le pain leur manque. Les commissaires doivent toujours venir. Je crains bien que ceux qui disparaîtront après avoir été commandés ne soient inquiétés, ou du moins leurs parents. Je ne sçais pourquoi tu n'aurois pas la patience d'être un ou deux mois absent. Tu irois alors autre part qu'à la campagne ; fais tes réflexions...... Il y a ici un grand remuement parmi les marchands à cause du décret des accaparements ; il y a de fréquentes assemblées. Hier il y en eut une aux Jacobins qui dura trois heures. Il avoit été nommé la veille des commissaires, dont M. du Clairé ; il paroît que l'on veut faire une pétition à la Convention pour obtenir des modifications. Les déclarations et affiches se feront provisoirement jusqu'au retour des commissaires. Des personnes arrivées d'Angers hier ont dit que les rues de cette ville sont sablées, à cause du grand nombre de cavalerie.

[1] M. Duchemin des Cepeaux était cousin de M. Duchemin de Villiers.

[2] Hardy de Levaré.

C'est là le quartier général de l'armée, il s'y rassemble un nombre infini de patriotes. Le projet est de cerner les insurgés et de les détruire avant trois semaines. On débitoit également hier que les rebelles ont eu un échec considérable auprès de Nantes. On dit 7 ou 800 hommes de tués. Tout cela est rapporté, dit-on, par des gens qui arrivent de ces villes . . . .

XVII

31 août 1793.

Monsieur Charles Piquois à Monsieur Duchemin de Villiers.

(Garde civique. — Prisonniers de Misdon. — Custine).

Je n'aurais point du tout pensé à ton retour, mon ami, si tu ne paraissais pas le désirer. Je n'entends plus parler du départ pour Misdon, et les 150 hommes qui avaient été commandés ne sont point encore partis. Ils attendent de nouveaux ordres, et peut-être que ceux qui les manderont exigeront aussi une nouvelle levée, du moins c'est à craindre. On m'a affirmé aujourd'hui que la Vendée avait mis en pièces la garnison de Chinon, après l'avoir attirée dans une embuscade. Dans le Nord, les armées de la République ont encore été battues, à une attaque générale. Les Suisses favorisent les puissances belligérantes, et on s'attend à les voir nous déclarer la guerre. Les Lyonnais ont aussi mis en déroute l'armée Conventionnelle. Kellermann part pour s'opposer aux *Esclaves* qui ont repris Chambéry. Custine est guillotiné ; il ne s'y attendait pas, et son jugement surprend ceux même qui ne sont pas de son parti. Les Montagnards se mangent les uns les autres. A Paris on manque de pain, et on ne veut plus entendre parler de la levée. Ici on n'a pas plus de pain qu'à ton départ, mais nous ressemblons aux moutons de Panurge et un très petit être qui se dira quelque chose, dictera de sang-froid des lois qui n'en seront pas moins suivies dans le tumulte et l'agitation. On dit déjà que les bourgeois ont eu le talent de se faire exempter de cette levée, et on se dispose sans doute à veiller sur eux à la première qui aura lieu. Du reste, la ville est toujours un peu tranquille et un peu agitée. Nos membres du Département ont reparu, et le procureur-général syndic, mandé au Comité de Salut public, est parti avant-hier. Les autres paraissent dans leurs cercles[1]. Je vis hier Lav... au jardin ; il essayait d'y faire l'agréable.... Je ne puis t'assurer qu'il y aura une autre levée, mais on soupçonne qu'il va se former un camp entre nous et la Bretagne. Si cela est, nous serons commandés. Cependant il n'y a point encore ici de mouvements qui l'annoncent. Si tes affaires t'appellent absolument ici, arrive le soir vers les neuf heures et tu repartiras encore dans la nuit, après avoir revu ton cabinet et

[1] Il s'agit ici des administrateurs du Département qui avaient pris part au mouvement fédéraliste et qui, après la piteuse manière dont il finit, rentrèrent à Laval justement inquiets de leur équipée. Disons, toutefois, que le bataillon de la Mayenne fut celui qui montra le plus d'énergie et qu'il ne tint pas à nos compatriotes qu'on n'agît avec plus de détermination.

sans doute M. La Rongère. Je ne serai pas fâché que tu juges un peu par toi-même de l'état des choses. Tu as dû recevoir une lettre de moi....... Il nous arriva hier au soir, à dix heures, un de nos détachements de cent hommes qui conduisait dix prisonniers faits à Misdon par surprise, ce sont des paysans qui étaient accusés d'avoir reçu les chouans chez eux. L'adjudant en a fait relâcher quatre.

De la main de Mademoiselle Artémise :

Mademoiselle m'a envoyé chercher ce matin, pour me faire part d'une conversation qu'elle eut hier avec l'adjudant. Il veut que tous les hommes partent et annonce la guillotine pour ceux qui fuient. Ces dames sont d'avis qne tu ailles à Rouen qui est fort tranquille. La retraite de Thuré ne leur plaît point ; elles voudroient que tu partirois de Villiers. Nous pensons que tu préfèreras faire un tour ici. Il ne faudra pas arriver le jour. Si tu veux revenir demain avec papa il ne faudra pas te montrer avec lui. Nous t'ouvririons la porte du jardin à huit heures, il est absolument nécessaire que tu ne te montres pas ici. Les fameux commissaires sont enfin ici, l'adjudant me l'a dit lui-même. Ainsi ne viens que la nuit absolument, c'est la recommandation expresse de Mademoiselle, et tu ne te montreras point que tu ne repartes, elle ne veut pas absolument que tu restes ici ; elle n'a osé t'écrire tout ce qu'elle m'a dit. J'ai vu avec bien de l'intérêt les larmes la gagner en me parlant des risques que tu cours.... Mademoiselle veut que je te menace de sa malédiction si tu ne lui obéis pas. L'adjudant lui a dit qu'il comptoit faire partir vendredi tout ce qu'il pourroit d'hommes. Elle lui a demandé de quelle manière il s'y prendroit pour sauver ses propres amis. Il lui a dit qu'il n'avoit d'autres moyens que de les mettre auprès de lui en qualité de scribes ; qu'alors ils ne verroient point le feu.... Si Charles s'en vient avec toi, maman le retient à souper. Ton autre ami s'y trouvera. Vous vous concerterez ensemble.... Le journal manqua hier ; Custine est expédié....

XVIII

22 septembre 1793.

Mademoiselle de la Rongère[1] *à Monsieur de Villiers, à Laval.*

(Appel des jeunes gens aux Cordeliers).

J'ignore, Monsieur, si vous savez qu'on vient de publier que tous les jeunes gens, depuis dix-huit jusqu'à quarante ans, aient à se trouver cette après-midi aux Cordeliers, et que les absents seront regardés comme

[1] Cette lettre est de Mlle de la R (ongère), plusieurs fois désignée par ses initiales dans les lettres de cette époque. On y voit qu'il était question d'un projet de mariage entre elle et M. Duchemin de Villiers. Elle était fille de Daniel-Jérôme-Pierre Le Clerc de la Rongère et de dame Marie-Anne Périer du Bignon, qui font baptiser à Saint-Vénérand, en 1768, Anne-Renée Le Clerc. L'adjudant qui commandait alors à Laval était logé dans cette famille et renseignait, plus ou moins volontairement, ses hôtes sur les projets de ses chefs et des commissaires.

fuyards. Je crois que vous ferez bien de voir comment ceux de votre connaissance comptent faire. S'il vous est possible de venir chez M. de Monfrand, vous m'y trouverez. Nous verrons ensemble ce qu'il y aura de moins mauvais à faire.... Je suis toujours, en attendant le plaisir de vous voir, celle qui aime à se croire votre amie.

XIX

Vendredi 4 octobre 1793.

Monsieur Charles Piquois à Monsieur Duchemin de Villiers.

(Club. — Différentes personnes inculpées).

.... Chaque jour il se passe ici de nouvelles scènes ; jusqu'à cette heure aucunes ne m'ont parues effrayantes, et j'en rirais volontiers, sans les contrariétés que j'éprouve. On nous menace toujours d'un tirage pour dimanche prochain et mes certificats n'arrivent point. J'ai encore la poste d'aujourd'hui ; peut-être serai-je plus heureux. Je sens que ma présence dans la ville n'est pas avantageuse, mais d'un côté mon père me prêche de ne pas la quitter pendant le séjour qu'y feront les commissaires ; d'un autre, les dépêches que j'attends m'y arrêtent. Venons au club maintenant. On y travailla hier (travailler est le mot) on y travailla donc les membres du tribunal civil et ceux du tribunal criminel ; tous furent inculpés et particulièrement le citoyen La Roche père, et tous ont été destitués. Un seul osa se montrer, ce fut le citoyen Poutenard ; il chercha d'abord à se justifier, mais à peine l'entendit-on qu'on l'appela aristocrate. Le représentant Thirion dit qu'il n'était pas nécessaire de le désigner, que son aristocratie était peinte sur sa figure. Le citoyen Poutenard, piqué de cette plaisanterie, lui riposta que ce n'était pas le cas d'en faire ; que ses sentiments étaient dans son cœur et sa justification dans sa conduite. Le représentant sentit sa faute et lui dit qu'il n'avait pas craint sans doute de s'exposer, puisqu'il avait osé se présenter devant le peuple. Il n'en est pas moins destitué ainsi que tous ses confrères, et les juges de paix. Voici la liste des nouveaux administrateurs de la commune[1].... J'ai l'honneur d'être peigné par un notable et je m'attends à un compliment de ta part...... A propos, j'oubliais une petite tirade sur le ci-devant citoyen Frin de Cormeray[2]. Je dis ci-

[1] C'est en effet le 4 octobre que Thirion et Esnue-Lavallée, qui venaient d'arriver à Laval, destituèrent tous les administrateurs pour les remplacer par des gens de la dernière classe.

[2] Jérôme-Charles Frin de Cormeré, épousa en 1773 Marie Leclerc du Flécheray et était receveur particulier de l'élection de Laval en 1783. Il faisait partie de l'assemblée qui nomma, le 20 mars 1791, Villar évêque de la Mayenne, et fut député avec Tellot fils, pour lui annoncer cette nouvelle à La Flèche. Receveur du district de Laval et sergent-major de la compagnie des canonniers de cette ville, il fut décrété d'accusation, comme fédéraliste et dilapidateur des deniers publics, par le comité révolutionnaire de Laval, le 12 nivôse an II, et condamné par Esnue-Lavallée. Conduit en prison à Alençon, il en fut tiré par Garnier de Saintes, et resta quelque temps en cette ville. Il revint à Laval quand le danger fut passé, et signa le 24 avril 1795 la pétition des habitants de Laval demandant à la Convention la mise en accusation d'Esnue-Lavallée et de ses complices. Le 5 vendémiaire an VI, on le retrouve receveur général du département de

devant citoyen, car on lui a refusé ce nom dans la discussion qui a eu lieu à son égard. Au nom seul de Frin Cormeray on a entendu cent voix qui répétaient : *c'est un coquin !*

XX

Jeudi 10 octobre 1793.

Monsieur Charles Piquois à Monsieur de Villiers.

(Club. — Le citoyen Moulin. — Déclaration des provisions. Commandant de garde nationale).

Depuis ton départ les nouvelles se font très rares : on s'occupe beaucoup de la fixation du prix des denrées de première nécessité : on en a taxé une grande partie.... Les draps et les étoffes de laine passèrent hier; c'est demain, je crois, qu'on parlera des toiles. J'ai entendu dire que tout cela faisait beaucoup de mécontents. Le commencement de la semaine prochaine verra éclore bien des nouveautés. Les clubs ont été rares, on n'en a eu qu'un depuis mardi. Le citoyen Moulin [1] s'y présenta

la Mayenne. A la fin de la Révolution, sa maison servait de loge aux francs-maçons de Laval, et fut fermée par ordre du gouvernement le 19 décembre 1797.

[1] Zacharie-Thomas Moulin de Vaucillon, né à la Poôté le 9 janvier 1744, avocat et procureur général au duché de Mayenne, 1774, épousa en 1782, à Mayenne, Anne-Julie-Félicité Cheminant. Président du tribunal criminel de la Mayenne en 1791, il fut proscrit comme fédéraliste pendant la Terreur et rétabli en ses fonctions en l'an III. Le 2 pluviôse an VI, Bouvet, commissaire du gouverne-

pour se blanchir ; il parla, dit-on, bien et longtemps, mais ne réussit pas. Il cita sa conduite à Mayenne, et par malheur pour lui, comme tout exprès, il se trouva là un prêtre de Mayenne[1] qui le mena tambour battant et le terrassa au point que le citoyen Moulin se trouva mal. Les nouvelles publiques n'ont pas été fort intéressantes. Je n'ai pas entendu parler de nos armées. Hier seulement, on arrêta vingt et quelques soldats qui désertaient ; ils venaient de Château-Gontier, et ça fait soupçonner quelque malheureuse affaire. Je dois te prévenir qu'il y a ici un arrêté qui ordonne que chaque particulier fasse sous quatre jours la déclaration de ses provisions de première nécessité, telles que celles de chandelle, résine, charbon, papier, beurre, huile douce, etc.... Il y en avait encore une autre à faire pour le tabac, le savon, l'huile à brûler ; celle-ci doit être faite sous vingt-quatre heures, c'est-à-dire que le temps expirera demain matin à neuf heures. Je comptais voir B. ce matin pour te donner quelques détails et nouvelles pour tout ce qui t'intéresse. Mais à six heures on a battu la générale, et on m'a assuré qu'il ne serait pas chez lui ou qu'il serait occupé. Les compagnies se sont rassemblées pour reconnaître l'état-major de la

ment, écrit aux députés de la Mayenne que le citoyen Moulin, président du tribunal criminel, « veut plaire à tous les partis, il est partial..., a des talents..., mais ne mérite pas la confiance du Directoire ». Destitué une seconde fois, il fut nommé le 10 prairial an VI, professeur de législation à l'école centrale de Laval. Mais, comprenant que sa nomination ne serait point confirmée par l'administration du département, il se hâta de donner sa démission. Il présidait de nouveau le tribunal criminel le 22 vendémiaire an VII, et remplissait encore cette fonction en 1802.

[1] « Un prêtre de Mayenne ». Très probablement Dauverné, curé intrus de Notre-Dame.

garde nationale. Le citoyen Rochette-Besnerie[1] a été proclamé commandant. Les représentants du peuple ont présidé à cette cérémonie qui s'est passée sur la Chiffolière. De là nous nous sommes rendus sur le Gât, où le citoyen représentant Thirion a prononcé un discours fort applaudi, tandis que vingt-cinq fagots consumaient le drapeau de la force départementale[2] et l'effigie de Louis XV qui était à la maison de ville. — Les gardes sont augmentées ce soir de soixante-dix hommes. On prétend qu'il y aura cette nuit des arrestations.... Les mauvaises nouvelles s'apprennent assez tôt, c'est cette vérité qui m'avait décidé à te cacher que le Monsieur[3], qui est chez Mademoiselle perd de son crédit ; on parlait aujourd'hui de le remplacer et, effectivement, je l'ai vu triste et rêveur... Je n'ai pas osé faire beaucoup de questions à ce sujet dans la crainte de donner des soupçons... Je t'en préviens pour que tu te décides plus sûrement à revenir ou non cette semaine . . . . Le Comité des douze s'assemble ce matin à huit heures. Le représentant Thirion part aujourd'hui, je crois que son collègue reste[4].

[1] Le 27 novembre 1792, il avait été nommé assesseur du juge de paix, et le 20 juin 1793, membre du comité de surveillance pour la section de la liberté, à Laval.

[2] Le drapeau des fédéralistes.

[3] L'adjudant dont il a été souvent question dans les lettres précédentes, logé chez M. Le Clerc de la Rongère.

[4] Le collègue de Thirion était François-Joachim Esnue-Lavallée.

XXI

12 octobre 1793.

Madame Boullier à Madame Duchemin, sa mère.

(Affaire de la Gravelle. — Arrestations. — Mort de Gorsas).

A sept heures et demie hier au soir le rappel battit. On se tuait, disait-on, à la Gravelle[1]. On prit huit hommes par compagnie. On les mène vers Saint-Berthevin et on les ramène pour *enfermer*. A minuit cela s'est fait, je ne sais pas encore tous les noms de tous ceux qui y sont. Ta.... m'a dit qu'ils seraient soixante-six, M. et Mme d'Hauterive, Mme Boisdupin, M. Vaufleury, M. la Garde, Mme Corbier, Mme veuve Chantepie, M. la Provôterie seul de sa maison, il est en fuite ainsi que M. de Chambré et M. de la Cocherie. MM. Champorin, des Essards, Serveau, Jimbertière, sont pris, aussi Renouard, Rebuffé, la grande Jeanne, Mlle Rojou, la veuve Pioger, etc. ; M. Levaré seul, M. la Coudre, seul aussi ; tous sont pêle-mêle au château et y resteront[2]. L'on m'a

[1] M. des Cepeaux mentionne un combat à la Gravelle à cette époque (*Souvenirs de la Chouannerie,* 1re édition, p. 112).

[2] Cette arrestation, qui jeta de si vives alarmes dans un grand nombre de familles, ne fut motivée par aucune mesure générale. L'armée vendéenne ne passa la Loire que le 7 octobre, mais déjà cet événement était prévu et les républicains prenaient des mesures en prévision de cette éventualité. C'est peut-être à cette cause qu'on doit attribuer les nombreux emprisonnements du 11 octobre à Laval.

dit : parole d'honneur, aucun des vôtres ne le sera. M. Mouëtte, enfermé aussi. Je vous les nomme comme ils me viennent à l'esprit.... Je vais aller voir Mademoiselle[1] après-dîner. Elle vint hier matin à la maison. Elle avait envie qu'il[2] s'envint pour la santé de son père, à lui s'entend.... Ma lettre n'a guère de suite. J'ai un certain tremblement par tout le corps.... Les nouvelles d'hier n'ont rien de saillant ; Gorsas[3] a eu le cou coupé. On craint que Maubeuge ne soit pris, il est cerné. Lauterbourg est pris, mais ce n'est pas sûr.

Nous ne saurions dire par le détail ce qu'il advint de chacun des détenus. Les uns furent relâchés, peut-être ; mais d'autres, à l'approche des Vendéens, furent emmenés à Mayenne quand les administrateurs du département s'y transportèrent eux-mêmes. On les retrouve plus tard réintégrés dans le couvent des Bénédictines, prison ordinaire des suspects.

Voici quelques notes pour faciliter l'identification des noms connus cités dans les trois lettres qui vont suivre :

M. et Mme (Berset) d'Hauterive.
M. (Duchemin) du Bois-du-Pin.
M. (Berset) de Vaufleury.
M. (Le Clerc) de la Provosterie.
M. (Besnier) de Chambray.
M. (Le Febvre) de Champorin.
M. (Du Mesnil ?) des Essarts.
M. (Duchemin) Gimbertière.
M. (Hardy) de Lévaré.
M. René (Enjubault) la Roche.
M. (Sourdille) de la Valette.
Mme Tournély, née du Plessis.
M. (Duchemin) du Tertre, fils aîné.
M. (Paillard) Duclcray.

[1] Mlle La Rongère, prétendue de M. Duchemin.

[2] M. Duchemin de Villiers.

[3] Antoine-Joseph Gorsas, né à Limoges en 1752, rédacteur du *Courrier de Versailles*, député à la Convention, condamné comme fédéraliste le 7 octobre 1793.

XXII

Samedi 12 octobre 1793.

Monsieur Charles Piquois au citoyen de Villiers fils.

(Arrestations).

Il y a eu cette nuit des arrestations. De toutes les personnes auxquelles je te sais le plus attaché, il n'y a que M. la Provôterie qui fût de la liste. On a été pour le prendre vers les minuit, mais personne n'a ouvert. J'ai cependant entendu dire que ses papiers le mettaient à l'abri de tout soupçon, et je ne crois pas qu'il cherche à se cacher. Le reste de cette maison est tranquille, ainsi que la maison Rongère. Il devait y avoir soixante et quelques personnes mises au vieux château, mais beaucoup n'étaient pas chez elles. Voici quelques noms que j'ai retenus : M. et Mme d'Hauterive, Mme Boisdupin, M. Lévaré, M. Vaufleury, M. du Fresne, MM. Mouton, Cottereau, Delière, Gâté, Jégu. Quelques membres de l'ancienne administration : Serveau, Guittet, Champorin, Desessarts, Cocherie, Gimbertière, Boullevraye, Marteau. Il est inutile de te nommer les familles La Roche, Lavallette, Comercy, M. Mouette en est. J'oubliais M. Dechambrey. Une grande partie était à la campagne et, suivant ce que j'ai entendu dire, il n'y a guère que la moitié des désignés qui aient été pris. Encore Mme Tournely, Mme Corbier, Mme Mondière, M. Dutertre, fils aîné, M. Fermont. Mme Bois-dupin n'a pas été prise à cause de la maladie de sa petite... J'ajoute M. Lévaré-la-Coudre....

XXIII

Lundi 14 octobre 1793.

Monsieur Charles Piquois au citoyen de Villiers fils.

(Arrestations. — Club. — Levée de cavalerie).

.... Je t'écrivis avant-hier ; as-tu reçu ma lettre ?... Je te donnais les noms des personnes détenues que je connais. Ducleret et Chollet le sont aussi. Celui-ci doit sortir ce matin, il a présenté une requête au Comité des douze qui vont s'assembler à huit heures ; d'après ce qu'on m'en a dit, il réussira. Quant à Ducleret, il demande sa maison pour prison, et offre de payer deux gardes ; on ne croit pas qu'il soit écouté. Il y eut hier un club dont je ne sais pas le résultat. Il arriva encore un nouveau représentant pour presser la levée de la cavalerie. On dénonça au club un membre du Comité des douze qui s'était comporté indécemment chez plusieurs personnes qu'il allait arrêter ; il sera vraisemblablement cassé. M. de la Provôterie ne se présente point, on commence à craindre pour lui ; il sera, dit-on, chargé.... Adieu.... Je serai auprès de toi un de ces jours [1].

[1] Ici, une lacune de trois mois dans la correspondance. Pendant ce court espace de temps, Laval fut le théâtre de graves événements.

XXIV

30 nivôse an II (10 janvier 1794).

Monsieur Hureau[1] *au citoyen Duchemin Villiers, chez le citoyen Chaudan, rue du Muré, n° 331, à Chartres.*

(Indemnités des dommages causés par les Chouans. Chouans guillotinés).

Citoyen,

J'ai chargé aujourd'hui à la Messagerie les pièces qui te sont nécessaires pour faire terminer la liquidation des perruquiers de Laval, ainsi que du citoyen Boulay ; ils te prient ainsi que moi d'aller à Paris pour cela, car ils sont ennuyés de ne point toucher leurs fonds. . . . .

Les Vendéens y parurent deux fois : du 23 octobre au 2 novembre, ils y séjournèrent en se rendant à Granville ; ils reparurent le 25 novembre, au retour de cette malheureuse expédition. La lettre du citoyen Hureau apprend comment furent traités ceux qui n'eurent pas la force de fuir et de suivre le gros de l'armée.

[1] Joseph Hureau, né (à Laval ?) vers 1761, clerc de procureur, puis employé dans les bureaux de la municipalité de Laval. Au commencement de l'an III, on le voit signer en qualité de greffier du juge de paix de la 2e section du canton de Laval. Le 17 mai 1791, il signe, en qualité d'huissier, une liste de deux cents sommations, faites par lui aux fermiers ou aux acquéreurs de biens nationaux.

Au moment où l'ancien clerc de M. Duchemin écrivait avec ce cynisme à son ancien patron, le père et la mère de ce dernier étaient en prison à Laval parmi les suspects !

. . . . . . Le Conseil exécutif a nommé deux commissaires pour le département de la Mayenne, pour recevoir les réclamations des citoyens qui ont souffert de l'invasion des rebelles. Ces commissaires sont à Laval voilà huit jours. Comme ils avaient besoin de scribes, la municipalité et le district m'ont nommé avec un autre pour travailler à ces opérations ; ainsi l'on va être indemnisé des pertes que l'on a essuyées avec les brigands, dont il y en a beaucoup d'arrêtés à Laval, et l'on guillotine tous les jours de huit à dix, c'est le moyen de purger le pays de pareils monstres[1].

Salut et fraternité.

Ton *clerc*,

HUREAU.

Laval, 30 nivôse, deuxième année de la République, une et indivisible.

[1] Du 24 au 29 nivôse an II, la commission militaire siégeant à Laval, fit comparaître devant elle 127 accusés, dont 77 hommes et 50 femmes.

Quatre femmes prévenues de crime capital se déclarèrent enceintes, et il fut sursis à leur jugement.

64 personnes furent condamnées à mort et exécutées, dont 29 hommes et 35 femmes.

La commission Clément, qui fit la sinistre besogne signalée ici avec tant de cynisme par le citoyen Hureau, fut créée par arrêté daté de Laval, le 22 décembre 1793, des représentants du peuple Bourbotte et Bissy. Elle fut composée des citoyens : Clément, juge de paix à Ernée, président ; Volcler, maire de Lassay, accusateur public ; Pannard, marchand à Mayenne ; Marie Colinière, juge de paix à Juvigné ; Faur, officier municipal et imprimeur à Laval ; Guilbert, secrétaire-greffier. Instituée pour juger les Vendéens et les Chouans, elle ne tarda pas à faire comparaître et à condamner toutes les catégories de suspects, hommes ou femmes. Jusqu'au 12 janvier, les condamnés furent fusillés ; la guillotine ne commença à fonctionner que le lendemain 13 janvier. En neuf mois et dix-sept jours, il y eut 359 hommes et 102 femmes d'exécutés à Laval, Mayenne ou Ernée (V. Boullier, *Mémoires ecclésiastiques*, chap. XIII).

XXV

8 juin 1794, 20 prairial, deuxième année républicaine.

Mademoiselle Artémise Duchemin à son frère, détenu[1].

(Exemple du style républicain qu'on croyait devoir employer. Laignelot. — Représentant du peuple au club de Laval).

Toutes tes lettres parviennent, mon cher ami. Je garde ton certificat de résidence pour l'occasion et ne le montreroi que lorsqu'il sera nécessaire.

J'ai vu le bonhomme Daniel. Je suis assez au courant des affaires qu'il fait. Il paroît que cela va mieux ici qu'à Paris.... Du reste, je n'aime point à me mêler des détenus, et sans que je sais que tu ne l'es pas comme suspect, je ne t'écrirois pas aussi souvent. Sois exact à me donner dorénavant de tes nouvelles, *et à moi-même*. Je ne prétends pas exclure tes autres amis, mais je veux mon rang. Mon beau-frère voudroit aussi que tu lui écrirois. Je serois infiniment satisfaite que tu n'aurois point d'autres correspondants que nous, excepté le

[1] J'ai signalé cette lettre tristement intéressante dans l'Introduction, mais on ne saurait trop faire attention à toutes les expressions pour saisir, en se reportant aux circonstances, ce qu'il y avait de douleur poignante dans le cœur de celle qui était obligée ainsi de déguiser sa pensée, ce que cette forme en apparence dégagée cachait de cruelles inquiétudes! Robespierre est encore tout-puissant, et le frère auquel cette lettre est adressée est dans les prisons de Paris.

citoyen qui prend soin de toi. La moindre chose peut compromettre. Je te demande cela au nom de l'amitié qui existe entre nous. En un mot n'écris qu'à Laval et à l'ami dont je t'ai parlé.... J'ai lu ta lettre du 18 en sortant de voir la fête, cela m'a même privée d'aller au club, mais je te le pardonne et me dédommagerai le quintidi prochain. Les sociétés populaires deviennent fort intéressantes depuis que nous avons ici des représentants du peuple. Laignelot y est très applaudi. . . .

XXVI

5 pluviôse, an III (24 janvier 1795).

Mademoiselle Artémise Duchemin au citoyen Duchemin, chez le citoyen Dubois, maison des Quatre Nations, rue des Maçons, près la Sorbonne, à Paris[1].

(Chouans. — Acquéreurs de biens nationaux).

Je reçus hier ta lettre du 29 nivôse... Je commençois à être inquiète. J'imagine que tu es parfaitement guéri à présent. Pourquoi n'étois-je pas là, puisque tu étois malade! A quel prix que ce soit, achète du bois. Papa

[1] Depuis la dernière lettre, la Terreur est passée. On fera même à Laval comme ailleurs le procès des chefs les plus compromis du parti. Le danger n'était pas fini pour ceux qu'on regardait comme suspects de royalisme. Puis, d'autres inquiétudes vont assaillir les habitants de Laval et se feront jour dans toutes les lettres suivantes : la crainte de manquer de vivres, les chouans empêchant le ravitaillement de la ville.

nous fit présent hier de chacun 200 livres. Quand tu devrois les y mettre, chauffe-toi . . . . Les chouans démontent toutes les charrettes, les provisions de toute espèce vont nous manquer, à commencer par le blé. Il faut espérer cependant que cela va finir. Il passa par ici la semaine dernière, un major de *brigands* qui se nomme le baron de Caumartin[1]. Il est allé à Nantes avec le général Hombert, tous deux étoient vêtus en gris, parements et revers noirs, sans cocardes. Ils ne prirent point d'escorte. Le brigand a donné une suspension d'armes pour les grandes routes seulement. Cependant, il se fait encore de petites batailles, et les fermiers ou acquéreurs de biens nationaux continuent à recevoir des ordres menaçants de payer les annuités aux Chouans. Tu vois qu'il s'est fait un grand changement en mon absence; ils sont devenus bien hardis.

XXVII

3 ventôse an III (21 février 1795).

Mademoiselle Artémise Duchemin au citoyen Duchemin, chez le citoyen Badollier, auberge de la Ville de Paris, à Chartres, par Paris.

(Paix avec la Vendée. — Bal).

Te voilà donc enfin hors de Paris ! Nous en sommes

[1] Le baron de *Cormatin* (et non *Caumartin*) et le général Humbert.

bien aises. J'ai fait connoître à papa les avantages que tu auras dans la maison Puëch. ; il sera bien aise que tu y sois. Papa sait qu'une pension de 1000 livres est très médiocre ; il connoît ton économie et te dit de payer ce qu'il faudra. On ne trouveroit pas ici de pension à ce prix. Le cou: ·nt est de 120 et même 160 livres par mois, y compris, je suppose, le vin et la lumière, mais sans le logement, seulement pour vivre . . . .

. . . . . Voilà le passage de Cormatin éclairci. Hier on publia ici la paix avec Charette et toute la Vendée, elle nous fut annoncée par une lettre d'un des dix-neuf représentants qui l'ont conclue à Nantes. Cormartin, qui se donne pour le chef des Chouans, l'a, dit-on, signée. On ne donne aucun des articles du traité. Ainsi nous ne sommes pas encore très habiles. Mais cette heureuse nouvelle donne beaucoup de joie. Il y eut hier soir un bal à la Paume.... Si cela prend un caractère de solidité, tu reviendras au milieu de nous. C'est là ma plus grande joie... Les lampes sont arrivées en très bon état. Elles ont servi avantageusement à éclairer un spectacle brillant dont les acteurs étaient les petits d'Argentré, Tremblais, des Cepeaux, Eugène, Saint-Cyr, etc., qui a eu beaucoup de succès et fait honneur à nos soins [1]....

[1] Ce sont les enfants des familles alliées ou amies de la maison Duchemin. Le jeune des Cepeaux est le futur auteur des *Lettres sur la Chouannerie ;* Eugène est le neveu de Mlle Duchemin, Eugène Boullier.

XXVIII

8 ventôse an III (26 février 1795).

Mademoiselle Artémise Duchemin au citoyen Duchemin, à Chartres, par Paris.

(Boursault. — Approvisionnement. — Taxe).

Pauvre garçon, combien tu as eu de mal ! Il me semble t'entendre souffler en lisant tes quatre pages. Tu as dit bien des fois : *Ah ça !*.... J'ai la même impatience que toi de l'arrivée de la malle et surtout de ma toilette.... elle fera tous mes plaisirs. . . . . Les nouvelles de paix que je t'avois annoncées ne se confirment pas. Boursault [1], revenant de

[1] Jean-François Boursault, né à Paris, vers 1760, prit le surnom de Malherbe, pour exercer plus à son aise la profession de comédien ambulant. Nommé membre suppléant à la Convention, il ne prit place dans cette Assemblée qu'après la mort du Roi. Comme représentant du peuple, il fut chargé de différentes missions politiques dans l'ouest et notamment dans la Mayenne, où il tint une conduite relativement modérée. Il fit arrêter un certain nombre de terroristes à Laval, supprima la commission révolutionnaire et réorganisa le tribunal criminel, qui reprit ses fonctions le 16 octobre 1794. Il fut un de ceux qui contribuèrent le plus à la mise en accusation d'Esnue-Lavallée et de ses complices. Le 10 novembre 1794, Boursault était à Lassay, il rassembla le club des jacobins dans l'église, qu'il avait pris soin de faire garder par une compagnie de gendarmes. Après une allocution contre le régime de la Terreur et ses agents, il commanda aux gendarmes de se saisir de Marat-Rigaudière, de Potier-la-France, de Volcler et de La Porte. Ces deux

Nantes, est passé par ici hier et n'en a pas parlé. Les Chouans font des leurs et commencent à être sur un pied imposant. Ils empêchent l'approvisionnement de notre ville en défendant aux paysans de rien apporter. Nous sommes fortement menacés de manquer de grains. Nous en achetons cependant où nous pouvons, mais presque toutes les charrettes sont démontées. Comment le faire venir ? On parle d'une forte taxe sur les particuliers aisés pour cet approvisionnement ; trop heureux s'il peut s'effectuer ! . . . . Nous nous occupons souvent des moyens de te voir pour quelque temps dans les beaux jours. Papa pense qu'au printemps tu pourrois faire un voyage de quinze jours et je n'y vois pas beaucoup d'obstacles. Ces projets font nos récréations et deviendroient une grande satisfaction si on peut les réaliser. En attendant papa te recommande de voir davantage nos *pays*... ils se plaignent de toi ; tu sais qu'ils soupçonnent, même qu'ils savent la moitié de la vérité ; un air triste et réservé pourroit faire deviner le reste. Fais mes civilités à la fille de l'auberge et à ses sœurs. Leur mère

derniers parvinrent à s'évader, et Boursault repartit le lendemain, conduisant les deux autres en prison à Laval. Son rôle de pacificateur obtint les meilleurs résultats dans le département, et, dans les derniers jours de décembre 1794, il pouvait écrire à l'Assemblée que les campagnes étaient dans le plus grand calme et ne demandaient que la paix. A la Gravelle, au Bourgneuf, à Ernée, il avait trouvé la plus entière sécurité ; partout les populations manifestaient des dispositions bienveillantes. Au commencement de l'année suivante, il pacifia également le district de Domfront, soulevé par les mesures de rigueur des représentants du peuple Guesno et Guermeur. A Domfront il fit ouvrir lui-même les prisons à plusieurs chouans qui y étaient détenus. Rentré dans la vie privée après la Convention, Boursault reprit son métier de comédien et mourut à Paris, âgé de 80 ans, en 1842, laissant une fortune de près de trois millions.

rapportera la clef de la malle, et mes sabots s'ils sont peints. Fais-lui la cour pour cela.

XXIX

21 ventôse an III (11 mars 1795).

Mademoiselle A. Duchemin de Villiers à son frère.

(Coquereau à Craon. — Manifeste de Stofflet. — Bernier).

. . . . Les hostilités continuent dans ce pays-ci. On dit pourtant que Coquereau, capitaine chouan, a ordonné une suspension d'armes pour vingt jours. Il étoit ces jours derniers à Château-Gontier et à Craon; nous l'attendions aussi, et même un des siens avec lui. On dit qu'en entrant à Craon quelqu'un cria : *Vive la République!* Il répondit : *Vive le Roi!* Tout cela est des on-dit dont nous sommes accablés. Il paroît aussi des manifestes ou proclamations de Stofllet, Cormatin[1],

[1] Pierre-Marie-Félicité Desoteux, fils d'un chirurgien de village et bourguignon de naissance, prit le nom de Cormatin que portait sa femme, et le titre de baron sans que l'on sache en vertu de quelle autorisation. L'intervention de cet intrigant marque dans l'histoire de la Chouannerie le commencement de la décadence. Sauf Coquereau, pourtant, aucun autre chef ne lui accorda sa confiance. Républicain exalté au début de la Révolution, il passa aux royalistes, essaya de favoriser l'évasion du roi, émigra deux fois, intrigua et obtint par l'intervention de M. de Puisaye sa nomination, par le conseil militaire des Chouans, de maréchal de camp et major général des armées catholiques et royales de Bretagne, le 26 août 1794. Fort de ce titre, confirmé par autorisation des princes, le

Charette, ou autres des Chouans. Il n'y a que le pre-

15 octobre suivant, Cormatin se mit en campagne, s'offrant comme intermédiaire de paix entre les généraux républicains et les royalistes. Puisaye avait, à son départ pour l'Angleterre, remis l'autorité entre ses mains; il en profita pour signer au nom de tous les Chouans de Bretagne, de Normandie, du Bas-Maine et de l'Anjou, une suspension d'armes qui devait commencer le 3 janvier 1795; puis il se fit donner la mission de traiter au nom de toute l'armée catholique, et, muni d'un sauf-conduit, se mit à parcourir les provinces de l'Ouest. De Laval, il avait envoyé le 2 janvier 1795 une adresse à « ses camarades et amis » les engageant à lui faire parvenir à Nantes leur adhésion. La réunion des chefs royalistes à la Prévalaye, le 1er avril 1795, fut le résultat de ses démarches. Ceux du Bas-Maine refusèrent de s'y trouver, la plupart des autres se retirèrent au cours de la discussion, et il n'y eut que vingt-deux noms au bas du traité signé le 18 avril et proclamé le surlendemain à la Mabilais par les royalistes, et à Rennes par les représentants du peuple.

Joseph Coquereau, le redoutable chef des Chouans du Bas-Anjou, s'était rangé sous l'autorité de M. de Scépeaux qui, à l'exemple de Charette, avait fait sa soumission le 8 mars 1795. Il n'avait pas la tenacité des paysans Bas-Manceaux et il se laissa entraîner dans les négociations louches de Cormatin. C'est à ce titre qu'on le voit parader à Laval le 13 mars 1795, et précédemment à Craon et à Château-Gontier, tandis que Jambe-d'argent et Lechandelier restent dans une expectative prudente, et que les divisions d'Ernée, de Mayenne, de Sainte-Suzanne, sont absolument réfractaires à tout accommodement.

Cormatin eut pourtant encore l'adresse de réunir à Bazougers, le 7 mai 1795, une assemblée des chefs de ces cantons, et de leur faire signer un règlement qui, avec beaucoup de complaisance, pouvait être regardé comme un acte d'adhésion au traité de la Mabilais; mais quand il voulut leur proposer de prendre la cocarde tricolore, il faillit se faire faire un mauvais parti.

Les lettres suivantes montreront que les négociations de Cormatin n'eurent presque aucun effet utile pour la pacification de nos contrées. Coquereau lui-même reprit les armes, n'obtenant point l'effet des promesses qu'on lui avait faites, et périt dans un effort désespéré, le 29 juin 1795.

Le général Humbert (Joseph-Amable) avait été le principal agent militaire de cette pacification. On peut voir en lui l'un des produits étranges de la Révolution, mélange de vices, de bravoure et de férocité. Né à Rouverayc, près de Remiremont, en 1767, de parents obscurs, il se fait chasser de toutes les maisons où on l'occupe, pour

mier que l'on pense véritable ; il est signé de Bernier[1] entr'autres . . . .

XXX

23 ventôse (13 mars 1795),

Mademoiselle Artémise Duchemin à son frère.

(Coquereau. — Les Chouans à Laval).

. . . . . . Pendant que je t'écrivois avant-hier, Coquereau et ses gens arrivoient au nombre de seize, pêle-mêle avec des dragons. J'en vis quelques-uns ; je leur trouvai le même air qu'aux Vendéens. Ils étoient sans cocardes et armés jusques aux dents. Il y en a qui prétendent avoir vu la cocarde tricolore à Coquereau ; d'autres, qui l'ont examiné exprès, disent qu'ils n'en avoit point. Parmi ceux qui étoient avec lui on nomme

inconduite, se fait marchand de peaux de lapins, puis s'enrôle dans un régiment de volontaires des Vosges et se voit nommé général presque d'emblée. Il était à Brûlon et à Sablé, avec le représentant Thirion, en septembre 1793, terrorisant tout le pays ; à Laval, en 1795, où il noua des relations et négocia avec les royalistes ; à Quiberon, où il fusilla lui-même les prisonniers qu'il avait reçus en capitulation. Sa fortune d'aventurier finit par les hardiesses qu'il se permet envers la sœur de Napoléon, veuve du général Leclerc, lorsqu'il la ramenait de Saint-Domingue en 1802.

[1] Etienne-Alexandre-Jean-Baptiste Bernier, personnage trop connu par ses intrigues et le rôle fatal qu'il joua à cette époque, né à Daon le 31 octobre 1762, nommé évêque d'Orléans en 1802, mort à Paris en 1806. Son rôle ne peut être étudié dans une simple note.

M. de Gueuzi[1], gentilhomme angevin, et le comte Turpin[2], aussi d'Anjou. Ils furent chez le général et chez le Représentant qui, dit-on, n'osa leur parler. Ils couchèrent au Louvre, où on leur donna une garde d'honneur. Enfin, hier après-midi, ils partirent pour Rennes, par Craon. On prétend qu'ils vont s'aboucher avec Charette. Le soir de leur arrivée ils envoyèrent des ordonnances vers leur armée qui, dit-on, s'étoit très rapprochée de la ville. J'oublie de te nommer Tranche-Montagne et Place-nette qui, je crois, étoient des seize. Jambe-d'argent resta sur la campagne. Je ne suis point garante de tout ce que je te dis là ; tu sais comme on a de la peine à savoir la vérité. Ce qu'il y a de vrai c'est qu'on a mis dix soldats en prison pour avoir dit des sottises à *ces Messieurs*. Je puis encore t'assurer qu'ils ont leurs chapeaux entourés de rubans blancs et des ganses de soie de couleur sur toutes les coutures de leurs vestes, faites en sans-culottes. On dit qu'ils ne sont pas contents de Laval ; ils y ont eu quelques sottises. On assure même que le général leur a dit des mots.

[1] Dieusie (Chantcel-Louis de), né au château de Dieusie, en Sainte-Gemmes, fils du comte Louis de Dieusie, était page du roi, échappa aux massacres du 10 août ; servit d'abord sous Bonchamps dans l'armée Vendéenne, puis, après Savenay, organisa une bande de Chouans avec laquelle, en 1795, il s'empara de Segré, et périt dans une rencontre l'année suivante. Son père, quoique noble, prit ardemment parti pour les réformes révolutionnaires ; puis, un jour (21 août 1793), déclaré suspect par Richard et Choudieu pour ses principes royalistes et parce qu'il a son fils parmi les rebelles, il est envoyé à l'échafaud le 15 avril 1795, au moment où son fils était en pourparlers pour la pacification et y exposait sa popularité et sa vie.

[2] Turpin-Crissé (le chevalier de), oncle du précédent et beau-frère de la célèbre vicomtesse de Turpin-Crissé qui prit part, elle aussi, aux négociations de la Mabilais (C. Port. *Dict. de Maine-et-Loire*, art. Dieusie et Turpin).

XXXI

28 ventôse (18 mars 1795).

Mademoiselle Artémise Duchemin au citoyen Duchemin, à Chartres, par Paris.

(Chouans venant à Laval).

. . . . . Les Chouans viennent toujours en ville, en petit nombre, bien armés. Ils ont des panaches blancs et point de cocardes. On en vit ces jours-ci trois qui en avoient de blanches.... Il y en a trois aujourd'hui qui en ont de tricolores . . . .

XXXII

3 germinal (23 mars 1795).

Mademoiselle Artémise Duchemin au citoyen Duchemin, à Chartres, par Paris.

(Prix du pain).

. . . . . Vos inquiétudes sur le pain et le prix qu'on le vend à Chartres nous ont fait rire. Ce n'est pas dureté de cœur, mais parce que nous sommes bien pis que vous. Le pain de deux livres se vend ici 50 sols. La viande 3 livres, les œufs 50 sols et le beurre frais 8 livres. On vend un quart de boisseau par personne tous les dix jours ; maintenant on retarde les distributions de trois ou quatre jours, et on dit qu'il n'y aura pas au magasin de quoi faire la prochaine. Deux citoyens de notre ville sont allés avec deux capitaines Chouans faire une tournée sur la campagne pour demander du grain. C'étoit M. Aurat[1] et un autre comme lui. On leur a répondu que la ville se passeroit de grains tandis qu'il y auroit des troupes cantonnées sur les paroisses. Ils sont revenus conter cela à la municipalité. Le général fait des difficultés pour retirer les troupes. Je ne sçais pas comment cela se terminera. Les hostilités sont toujours suspendues ; il ne s'en commet que par ceux qui ne sont pas encore instruits de la suspension d'armes. Dans plusieurs communes, les Chouans lèvent la réquisition depuis 25 ans jusqu'à 40. On dit qu'ils vont la lever partout ; ils ne trouvent aucune difficulté.....

Je viens des greniers conduire deux commissaires. On va nous enlever tout ce qui nous reste de grains, et laisser seulement cinq boisseaux par personne.

[1] Roland-François Aurat de la Chauvinière, né vers 1759, propriétaire et négociant à Laval, était ami de la malheureuse famille Enjubault. Pour soustraire à l'échafaud M. Enjubault-Laroche père, ex-constituant, il acheta la complicité des *incorruptibles* membres du comité révolutionnaire de Laval, et ses démarches eussent certainement abouti sans l'intervention du conventionnel Esnue-Lavallée.

XXXIII

12 germinal (1er avril 1795).

Mademoiselle Artémise Duchemin au citoyen Duchemin, à Chartres.

(Assemblée à Rennes. — M. de Dieusie. — Charette. — Avesnières).

Pour que notre correspondance aille mieux, la poste met huit jours à transporter nos lettres. Je n'ai reçu qu'hier celle du 3..... Papa m'a éveillée à six heures pour t'écrire. Il me dit de t'embrasser pour lui. Il étoit bien pressé d'aller promener dans le jardin au soleil, comme c'est sa coutume.... Nous avons un lièvre pour Pâques ; mais il a été pris à un piège et ne sera pas si bon. J'en feroi néanmoins un pâté. Je ne devrois pas te dire cela ; mais si M. la Peschetière s'en retourne, je t'envoiroi un petit jambon pour te dédommager.

. . . . . Tu ne vois goutte aux affaires de notre pays ; nous ne sommes pas très clairvoyants non plus. L'assemblée de Rennes devoit s'ouvrir hier, plusieurs disoient ces jours qu'elle n'auroit pas lieu. Un volontaire qui revint hier de Rennes a dit qu'il y avoit un camp de Chouans à la Prévalais, de seize à vingt mille hommes. On assure très fort que M. de Dieuzi ou Queuzi a été fusillé par les Chouans sur la route de

Rennes, parce qu'il étoit de ceux qui veulent un accommodement. Il est clair que Charette n'a point du tout l'approbation des soldats ; on prétend même que son armée entière, excepté cinq officiers, l'a abandonné. Nous sommes toujours sans savoir où prendre du bled pour le mois prochain. Les Chouans s'en tiennent toujours à vouloir qu'on renvoye d'ici les patriotes des campagnes qui s'y sont réfugiés. Ils les regardent comme leurs émigrés. On prétend qu'ils veulent leur appliquer la loi du séquestre. Hier, un courrier de Rennes apporta l'ordre de lever les cantonnements. Il rentra trois cents hommes en ville. Plusieurs disent qu'il nous vient 2000 hommes de garnison. Voilà une partie des on-dit ; tu n'en seras pas bien habile, mais quel moyen de savoir la vérité ? En voilà cependant un : c'est que les Chouans lèvent partout les garçons jusqu'à l'âge de 45 ans. Ils étoient hier à Bazougers. Nous voilà donc comme la Vendée ; il n'y aura pas un paysan qui ne porte les armes. Pendant la suspension d'armes, beaucoup de soldats ont passé par ici. Ils prétendent ne manquer de rien quand ils sont là ; tous les domaines nationaux leur appartiennent ; ceux qui refusent de leur payer les fermes ou les annuités se voient enlever leurs bestiaux à la concurrence de la somme qu'on leur a demandée. On leur donne des quittances à porter au district. Il paroît que le décret en faveur du culte[1] ne

[1] Le décret officiel du Directoire qui permettait aux catholiques d'exercer (provisoirement) leur culte dans les églises d'Avesnières et de Patience, ne fut rendu que le 28 avril 1795. Avant ce temps, la messe ne pouvait y être dite que par tolérance. La nef de l'église de la Trinité restait toujours le temple consacré à la déesse Raison. Le même jour, sur une pétition signée de trois citoyens, les administrateurs du Département autorisèrent les prêtres schismatiques

s'exécutera pas de sitôt. Il n'y a que l'église d'Avénières qui ne soit pas dévastée. Le maire en a refusé les clefs à des jureurs. Il y a très peu de prêtres élargis ici. Ceux de Bordeaux[1] ne sont point revenus. Il y en a deux ou trois de Rambouillet qui disent la messe en particulier. On assure que le chœur de la Trinité a été soumis pour 20^s. Il a été séparé de l'église, où on faisoit le club. On disoit même qu'il étoit vendu 36^s, mais je ne crois pas que cela soit vrai. . . . .

XXXIV

19 germinal an III (8 avril 1795).

Mademoiselle Duchemin au citoyen Duchemin, à Chartres, par Paris.

(Réunion de Chouans à la Prévalaye. — M. de Puisaye. Affaire à Vaiges).

. . . . J'ai omis dans ma lettre du 12 germinal

« à occuper provisoirement le chœur et environs du chœur avec la sacristie de la Trinité, à la charge de ne se servir, pour entrer et sortir, que de la porte placée au bas de l'escalier, près le clocher ».

Trois jours après, les schismatiques obtinrent un arrêté semblable pour l'église de Saint-Vénérand, qui servait de dépôt pour les effets militaires.

[1] Le Directoire de la Mayenne rendit le 11 avril 1793, un décret qui fut exécuté dès le lendemain, et par lequel il ordonnait de transférer à Bordeaux douze prêtres détenus dans les prisons de Laval (V. D. Piolin, *Histoire de l'église du Mans*, T. VIII, p. 256 et suivantes).

de te nommer l'agent de notre commune. C'est Lormi... Tu voudrois savoir des nouvelles de Rennes. Et moi aussi ; mais la distance fait peu pour savoir la vérité, et l'on ne sçait pas mieux ce qui se passe à une lieue qu'à cinquante. Voici ce que je sçais : La femme de Renaud qui arrive de Rennes, m'a dit qu'il y avoit au château de la Prévalais quatre-vingts chefs de Chouans, tous gentilshommes, gardés par huit cents ou douze cents de leurs soldats campés autour du château. Le pavillon blanc flotte sur le camp ; le nom Louis XVII est écrit sur les tentes. Ils ont tous la cocarde blanche, mais ils la quittent quand ils vont hors de leur camp. Les chemins sont remplis de curieux qui vont les voir. Charette n'y étoit pas encore ; on le disoit à son camp dans le Poitou. Les négociations n'étoient point encore ouvertes. M. de Puisaye doit se rendre à la Prévalaye. Tout cela est très vrai, mais depuis huit jours on ne sçait point de nouvelles certaines. Hier, on débitoit ici que l'assemblée étoit rompue et qu'il y avoit eu deux officiers de Chouans tués. Il est faux que M. de Dieusi ait été tué comme je te l'avois dit. Il est passé par ici depuis. Nos Chouans continuent de nous tourmenter, ils ne veulent point nous laisser venir de grains.

Il y eut à Vaiges, la semaine dernière, une affaire assez grave, où on dit que les Chouans ont eu le dessous. Ils attaquèrent un convoi de vingt-cinq charrettes de bled qui nous venoit d'Évron. On ne sçait point le nombre de leurs morts parce que, comme les brigands de la Vendée, ils se trouvent enlevés à mesure qu'ils tombent. Mais nous avons perdu sept ou huit hommes dont cinq de Soulgé, et Alard, de Vaiges, qui étoit gendarme. Depuis, à Houssay, auprès de Quelaines, ils nous ont tué bien davantage de monde et pris trente-huit chevaux. On vient de me dire dans l'instant qu'il avoit été publié à Rennes une nouvelle suspension d'armes pour deux mois. Les soldats désertent journellement . . . .

XXXV

28 germinal (17 avril 1795).

Mademoiselle Duchemin au citoyen Duchemin, à Chartres, par Paris.

(Intrigues des terroristes emprisonnés).

Tu me demandes le rapport de l'argent au papier. Le voici : L'écu de 6 livres se vend 60 livres et au-dessus, jusqu'à 80. A Rennes il vaut 95 livres. Les louis ici sont au même taux, c'est-à-dire de 240 à 320 livres. Toutes les marchandises se vendent sur ce pied et beaucoup au-delà, comme le savon, le café, le coton et autres qui viennent de l'étranger ou qui ont des causes particulières de rareté, par exemple le beurre frais, que les Chouans empêchent de venir. Je l'ai payé aujourd'hui 13 livres et il en a été vendu à 15.

. . . . Nous sommes toujours incertains si nous mourrons de faim ou pas. Les prisonniers du château profitent de cela pour s'agiter, ils placardent mille horreurs[1]. Ils avoient formé une conspiration la semaine

[1] Voici une des affiches placardées par les amis des terroristes

dernière qui, heureusement, a échoué. Il ne s'agissoit que d'égorger les corps administratifs et tous les honnêtes gens; une partie de la garnison étoit pour eux et une partie de la population payée à cette intention. Ils ont tenté plusieurs fois de s'évader; on a voulu leur mettre les fers, ils ont résisté ouvertement, secourus

lavallois emprisonnés au château :

Laval, le 23 germinal, l'an III de la République démocratique. Les citoyens ex-fonctionnaires publics détenus à la maison dite de justice, à leurs concitoyens :

Citoyens,

On débite des bruits affreux, on dit que nous sortons à la faveur de la nuit pour entretenir des intelligences avec les ennemis de la patrie; tantôt on dit que nous conspirons et que nous méditons d'égorger nos concitoyens. On disoit hier que nous voulions porter le peuple à la révolution : demain peut-être on aura l'infamie d'avancer que nous avons voulu briser des fers honorables, pour lever l'étendard de la guerre civile.

Citoyens, méfiez-vous des insinuations perfides qu'on se plait à faire circuler pour égarer votre opinion. Mais attendons avec impatience le moment où nous serons appelés devant la justice. Nous sommes tranquilles; quand on n'a point commis de crimes, que peut-on redouter? Quoi! nous favoriserions les ennemis de la Patrie!.... Qui plus que nous doit être en butte à leurs fureurs? Quoi! nous viendrions plonger le poignard dans le sein de nos concitoyens!.... Qui plus que nous a deffendu leurs droits? Nous frémissons d'horreur au récit des attentats qui désolent chaque jour nos malheureuses contrées. Pourriez-vous croire que nous voudrions imiter ces barbares assassins, qui mésusent de l'indulgence nationale pour commettre impunément leurs abominables forfaits?

Citoyens, soyez en garde contre ceux qui ont la lâcheté de profiter de notre malheur pour nous calomnier. Autant que qui que ce soit, nous désirons la paix. Soyez heureux, voilà notre vœu le plus ardent, et n'oubliez jamais que l'obéissance aux lois est le plus sacré des devoirs. Quant à nous, dussions-nous être victimes, nous ne cesserons d'aimer la république une, indivisible et démocratique. *Signé* : Melouin; R.-F. Bescher; Le Roux, fils; Faur; Aug. Garot; Julliot-Lerardière; Saint-Martin; Quantin; Boulan; Pottier (*Affiche imprimée*).

Ils écrivirent aussi plusieurs brochures que Faur faisait imprimer et qui circulaient dans le public.

par les militaires de la chambre de discipline qui est aussi au château. On soupçonne le représentant Baudran[1] d'intelligence avec eux. Le Comité de salut public est informé de tout cela[2], j'espère que sa réponse con-

[1] Mathieu Baudran, avocat à Vienne avant la Révolution, envoyé comme député à la Convention par le département de l'Isère, se rangea du côté des plus exaltés et vota la mort du Roi, sans appel et sans sursis à l'exécution. Après la chute de Robespierre, il se fit modéré et fut envoyé quelque temps après dans les départements de l'Ouest, pour y faire cesser le règne de la Terreur. Le 16 avril 1795, il écrivait de Laval à la Convention que 200 soldats de la république avaient mis en fuite 1500 chouans. Il était difficile à Paris de contrôler son affirmation.

[2] Ces bruits du dehors sont confirmés par la déposition du citoyen Loiseau, concierge de la maison d'arrêt de la commune et district de Laval qui rendit compte, dans le mémoire suivant, de la situation qui lui était faite dans la prison dont il avait la garde :

« Le vingt-un germinal, l'an IIIe de la République française, je suis entré concierge provisoire dans la maison d'arrêt. Les détenus pour cause de terrorisme, au même instant de mon arrivée, jettoient sur moi des regards qui marquoient qu'ils avoient pour moi de la haine. Ayant reçu des ordres de la municipalité de ne laisser entrer personne, j'ai refusé tous ceux qui n'étoient pas nécessaires dans cette maison. Ce fut alors que tous ces hommes et des soldats prévenus de vols me tinrent des propos injurieux, déclamant contre les administrations actuelles, les traitant de fédéralistes, d'aristocrates ; et qu'ils étoient des scélérats en prison, que cela finiroit bientôt. Les soldats accabloient d'injures des citoyens qu'ils ne connoissoient pas. Dès lors, je vis bien qu'ils n'étoient que les échos de tous ces hommes. Le lendemain, je pris le parti d'aller engager les officiers municipaux de confier la garde des détenus à un autre, et que je ne voulois pas être exposé à la fureur de tous ces hommes.

« Cependant je restoi provisoirement.

« Le reste de la journée, et le lendemain, c'étoient d'autres discours : Il faut massacrer les paysans ; ils sont tous chouans ; les terres doivent appartenir aux soldats.

« Le 23, ce fut les mêmes propos, en ajoutant qu'il falloit massacrer tous les fédéralistes, aristocrates et modérés. J'observeroi que c'étoient les mêmes soldats du jour précédent, qu'ils alloient et venoient dans les chambres des prévenus, et quand ils m'abordoient, me traitant d'aristocrate, d'homme gagné par les fédéralistes.

« Le soir, la nouvelle de la paix avec la Prusse étant arrivée, Saint-Martin ne paroissoit pas content ; il disoit que la guerre des chouans

tiendra des mesures répressives contre ces scélérats, mais jusqu'à ce moment ils se font autant craindre,

ne finiroit jamais, mais qu'il avoit, lui, un moyen infaillible, c'étoit de porter tous les gens des campagnes à cinquante lieues de leur territoire, de laisser leurs femmes et leurs enfants, et de donner les terres aux soldats. *Mais*, lui dis-je, *vous voulez donc propager la guerre civile en réduisant au désespoir tous ces laboureurs?* — Il n'y a pas d'autre moyen, me répondit-il.

« Le lendemain 24, les soldats tenoient les mêmes propos. Vers une heure de l'après-midy en allant dans la cour du ci-devant château pour voir si la porte étoit fermée, je fus surpris de voir la serrure dérangée et la porte ouverte du côté de la chambre des détenus. Je trouvai par terre, dans la chambre de cette tour, un monceau de placards qu'ils avoient fait afficher en ville, et que la municipalité avoit fait arracher. Je me suis transporté de suite à la commune, je reçois un ordre par écrit qui m'enjoignoit de les faire enlever et de les remettre à deux gardes qui m'accompagnèrent à cet effet. Ces deux gardes traversèrent la cour, les nommés Quantin et Pottier saisirent les deux gros paquets d'affiches et vinrent dans la maison de geôle m'accabler d'injures. A leurs cris, les soldats s'assemblèrent et me serrèrent de près. Le nommé Saint-Martin, tenant un bâton, s'écria : Nous te dompterons bien. L'un des soldats (prévenu d'avoir volé un porc) me dit en me menaçant : Tu as grand'peur, nous te mettrons au courant de cette maison. J'envoyai le guichetier quérir la garde qui étoit sur la place. Dès que je pus me débarrasser, je me rendis à la municipalité. Le maire et l'agent national, accompagnés d'une force assez imposante, allèrent dans la prison, et plusieurs témoins furent entendus. Les officiers municipaux ne purent faire exécuter leurs ordres, la force armée paroissant craindre, ou gagnée par les autres soldats. Je me suis retiré pour éviter la fureur de tous ces hommes qui n'auroient pas manqué de se jeter sur moi. J'ai laissé la garde intérieure de la maison d'arrêt au citoyen Chevreul, ci-devant concierge, me réservant de veiller sur le dehors. Je certifie le présent véritable en tout son contenu ». *Signé :* Loiseau.

A la suite de cette agitation des détenus, qui tendait à se propager dans la ville, le tribunal criminel dénonça le fait à la Convention :

DÉPARTEMENT DE LA MAYENNE — Laval, le 23 germinal, l'an IIIe de la République française, une et indivisible.

Égalité — *Fraternité ou la Mort.* — *Liberté*

L'accusateur public près le tribunal criminel du département de la

pour ainsi dire, que s'ils n'étoient pas enfermés. Quelques gens du peuple disent que du temps qu'ils étoient en place on ne manquoit pas de pain. Ils le disent aussi dans leurs placards[1]. . . . .

XXXVI

5 floréal, 24 avril 1795, 10 heures du soir.

Mademoiselle Duchemin au citoyen Duchemin, à Chartres, par Paris.

(Violences à Bazougers. — Affaire à Astillé. — Chouans du Mans. Messe. — Agents de la commune. — Paix faite de Rennes).

. . . . Il semble que les bruits de paix soient des torches qui allument la guerre dans notre pays.

Mayenne, aux représentants du peuple composant le comité de sûreté générale de la Convention nationale.

Représentants,

« Je vous ai fait part, par ma lettre du 17 de ce mois, des rapports qui m'avoient été faits sur le projet d'un mouvement dans la commune de Laval ; j'ai depuis acquis des lumières sur cet objet, d'où il résulte que c'étoit en prison que se concertoit ce mouvement et le massacre des citoyens. Je vous envoye le procès-verbal du juge de paix du 18 de ce mois, etc..., qui jette quelques lumières sur les auteurs des ces trames. J'en suis les fils, et je vous en rendroi compte, ainsi que je l'ai fait au représentant Baudran. Salut et fraternité. *Signé* : Midy.

« J'espère que sa réponse contiendra des mesures répressives contre ces scélérats ».

Ces mesures furent l'envoi d'instructions aux représentants alors à Rennes (Voir ci-après, note de la lettre n° 39, l'arrêté que prirent ces représentants).

[1] Nous avons fait cette constatation, *non sur les placards*, mais çà et là, dans les diverses pièces de la procédure dirigée contre les terroristes.

Depuis quinze jours il ne s'en passe pas un sans combat. Les Chouans, comme je te l'ai déjà dit, sont extrêmement nombreux et leur troupe grossit de tous les garçons de campagne ; un grand nombre de soldats ont passé avec eux ; ils deviennent les plus déterminés[1]. Cependant on ne les reçoit pas sans défiance et ils ne la détruisent que par des actes de valeur, laquelle est éprouvée en les mettant auprès des commandants, sans armes : il faut qu'ils en prennent dans le combat. Je vois que notre position va devenir de jour en jour plus ressemblante à celle de la Vendée. Il y a ici une compagnie qui porte le nom de « Légion territoriale », étant composée d'hommes du pays. Elle est commandée par Letourneur[2] ; on l'emploie de préférence à escorter les convois de grain et foin que l'on requiert dans toutes les paroisses. Ces hommes sont sans discipline et se livrent au brigandage[3]. Ils furent la semaine dernière avec un détachement de la garnison sur les paroisses de Vaiges, Bazougers et autres ; notre maison de Villiers fut fouillée ; il n'y a plus de meubles, ils ne peuvent nous faire d'autre tort que du reste du lard. Nos gens furent maltraités et pris pour amener du foin ; beaucoup furent volés. Le bourg de Bazougers a horriblement souffert ;

[1] M. des Cepeaux mentionne aussi cette désertion des troupes républicaines dans les rangs de la Chouannerie, mais il a soin d'ajouter que plusieurs étaient seulement attirés par l'espoir du pillage, et que d'autres étaient envoyés pour servir d'espions au parti qu'ils feignaient de quitter (*Lettres sur la Chouannerie*, T. II, p. 302).

[2] Letourneur était adjudant-général.

[3] Tous les documents officiels de l'époque, tout en faisant l'éloge obligé du courage des troupes républicaines, constatent leur indiscipline et leurs brigandages. Les administrations municipales se plaignent fréquemment qu'elles font plus de ravage dans leurs contrées que les Chouans eux-mêmes.

les Chouans en étoient absents, les soldats se répandirent dans toutes les maisons, volèrent les assignats, le linge, l'argenterie, tuèrent quatre habitants dans leurs maisons, dont un sexagénaire et un enfant de 14 ans; plusieurs femmes ont été violées et couvertes de blessures, le mari d'une fut tué en la défendant : ils les mettoient nues quand ils les renvoyoient. La municipalité a dressé procès-verbal de toutes ces infamies et en a écrit tous les détails à Baudran, représentant, qui étoit ici alors. La perte, en effet, y est évaluée au premier aperçu, à 100.000 livres; on dit que le procès-verbal a été envoyé au Comité de Salut public. Depuis, les communes de Nuillé, Astillé, Ahuillé et autres, ont été pillées dans d'aussi atroces circonstances. La municipalité de Bazougers dit positivement que les officiers donnoient l'exemple aux soldats. Nous n'avons point vu nos métayers depuis cela, nous ignorons ce qui leur est arrivé; il paroît que le mal ne s'est commis que dans le bourg. Tout cela ne dispose point les esprits à la paix. Renaud et Cinet servent ensemble dans la compagnie d'Alard, celui-ci et le second ont été blessés; ils sont guéris. Il y a eu une affaire hier, à Astillé, dans laquelle nous avons perdu beaucoup de monde, les voitures de bled ont été prises par les Chouans, les moindres chevaux tués et les bons pris. Un fort détachement est parti ce matin pour faire un second effort. On a débité ce soir qu'il y avoit eu un rassemblement de 5.000 Chouans et que l'on étoit aux prises . . . .

Mon beau-frère est enfin depuis deux jours dans son pays; la Saint-Georges l'y appeloit. Il a, comme à son ordinaire, eu beaucoup de mal à s'y déterminer. Il a écrit à sa femme que la messe et vespres s'y chantent comme il y a dix ans, toutefois avec cette différence que l'on officie dans les maisons, l'église ne pouvant pas servir. L'on nous fait espérer deux églises pour dimanche, Patience et Avénières ; toutes nos *mies* doivent balayer demain celle de Patience ; il y a des maçons aujourd'hui qui réparent les marches de l'autel. Les curés de Changé, Parné [1] et l'abbé Bordeau [2] pourront célébrer . . . .

François est revenu de Caen, où il a employé de nouveau nos assignats.... Demain, il nous achètera ce qu'il pourra de fil pour réserve. Je crois que c'est encore ce dont on se défaira le mieux quand on aura besoin d'argent. La toile est d'un prix excessif : il en a été vendu 30 livres l'aune.... J'en ai vu payer 13 livres 10 sols en petit lais, elle auroit valu 27 à 30 sols en argent. Les maîtres de prés menacent de ne plus blanchir, faute de bois et de drogues. Le fil de 4 livres vaut 36 livres et plus. Tout renchérit d'un jour à l'autre.... La nouvelle création d'assignats va encore augmenter leur discrédit..... Déjà beaucoup de personnes ne veulent vendre qu'en argent.

. . . . Je ne sçais si tu vois les *Annales de la République ?* C'est notre journal. Il y avoit au commencement de la semaine une lettre datée de Laval, signée Liscourt, qui donnoit des détails très vrais. Tu peux le croire, il n'y a de faux que le voyage de Jambe-d'argent ici, il ne voulut pas y venir.... Puisque me voilà revenue aux Chouans, il faut que je te dise un mot de ceux du Mans. Ils sont bien mieux organisés que les nôtres ; les

[1] François-Joseph Tafforeau (Voir *Mémoires ecclésiastiques*, de M. Boullier).

[2] Ne s'agirait-il point ici de l'abbé J. Bordeau, chapelain des Ursulines de Laval ?

statuts sont écrits et forment un volume in-8°; l'extrait a couru ici. Ils ont fondé une confédération ou ordre, sous le nom de *Chevaliers de l'union française*, sous l'invocation de saint Michel, protecteur de la religion et des trônes. Cet ordre a des formes extérieures qui approchent un peu de la franc-maçonnerie, cela n'est pas prévenant au premier abord; ils se lient par un serment prêté sur l'Évangile, dont voici à peu près le contenu : Ne point poser les armes que la religion et la monarchie ne soient rétablies, remplir exactement ses devoirs de chrétien et de militaire, employer tous les moyens que permet l'honneur pour ramener les égarés, ne point exercer de vengeances particulières, pardonner à ses ennemis personnels, ne point révéler les secrets du Conseil, etc.... Chaque initié doit avoir une copie de ce serment et un acte de sa prestation, signé de ceux qui le reçoivent et des témoins. Les Chouans se nomment encore *Fidèles militants* et *Machabéens*; au commencement de leurs statuts est rapportée l'histoire de Mathatias et de ses enfants, que la persécution d'Antiochus força de se retirer dans la ville de Modin, et enfin de prendre les armes et de rassembler ce qui restoit de Juifs fidèles pour combattre les idolâtres. Vient ensuite une peinture touchante de la profanation du temple et des choses saintes, et une comparaison très bien ajustée avec la persécution présente de l'Église, et puis celle de leur conduite avec celle des sept frères, et enfin tout ce qu'on peut dire là-dessus, et cela avec un esprit et une adresse infinis. Le pardon est offert à tous les égarés qui voudront rentrer dans l'*Arche Sainte, hors laquelle il n'y a point de salut.* Ils leur offrent des ministres pour la pénitence; enfin ils somment tous les fidèles, de quelque qualité ou condition qu'ils soient, de coopérer avec eux de tout leur pouvoir ; ils requièrent tous les talents pour les servir et vouent au mépris les militaires retirés qui ne se réuniront pas à eux : ce mépris les suivra jusque dans leur postérité la plus éloignée. L'épigraphe est : *Celui qui n'est pas pour nous est contre nous*. Enfin ceux qui n'auront pas une copie de l'acte de la prestation de serment, le jour du grand œuvre, ne seront point épargnés. L'extrait est terminé par l'histoire de la mort de Mathatias et ses dernières paroles à ses enfants.

Dimanche matin. Enfin je viens de la messe à Patience, mon bon ami ; c'étoit la seconde, il y en aura quatre ou cinq ; la presse y est fort grande. Il n'y a que cette église, et le chœur de la Trinité est pour les prêtres jureurs. Le maire étoit dès cinq heures à la porte de notre église, avec un gendarme et un valet de ville . . . .

Il est faux qu'il y ait eu des Chouans à Astillé, comme je te l'avois dit, les soldats ont seulement amené quelques paysans en prison. L'on a encore refait ici une espèce d'épuration ou renouvellement dans les corps administratifs. M. Hubert *(la gelée)* [1] est nommé agent national de la Commune. Je crois que les autres sont

[1] Le 14 nivôse an II, Quantin écrivait au conventionnel Grosse-Durocher :

« .... Des massacres ou le retour de quelques scélérats qui ne sont rentrés que pour persécuter le patriotisme ; par exemple, un *Hubert la Gelée*, ce pétitionnaire fédéraliste (il avait présenté, de concert avec Jourdain, administrateur du Département, une protestation à la barre de la Convention contre les événements du 31 mai 1793), pour donner les preuves de sa conversion, ose menacer le Représentant du peuple et les administrations qui ont mis le séquestre sur ses biens, d'incarcération et de vengeance nationale !.... »

restés. MM. Guittet, Champorain, Secrétain et Dalibourg, sont remis dans le Département. . . . . .

On dit la paix conclue avec les Chouans à Rennes; j'ai vu une lettre de cette ville qui dit qu'ils y sont entrés le lendemain de la signature du traité, à huit heures du soir. Il ne faisoit pas assez jour pour distinguer leurs cocardes et leurs plumets. Le peuple crioit, sur leur passage : *Vive le pain !* beaucoup : *vive le Roi !* et peu : *vive la république !* des femmes corrompoient le mot et disoient : *la bourrique*. C'est Henri qui donne ces détails à maman ; il ajoute que les conditions ne transpirent point. Il arriva hier ici quatre chefs avec le général Humbert ; je ne sçais pas où ils vont, j'en vis hier deux en voiture. Tu t'imagines que parce que nous sommes plus près, nous sommes plus habiles que toi ; tu te trompes fort. Jamais nous ne savons au juste ce qui se passe même autour de nous. . . . .

XXXVII

25 avril 1795.

Madame C. Touchard au Citoyen Duchemin de Villiers, à Chartres.

(Messes à Patience).

Mon cher neveu,

. . . . Demain, quatrième dimanche, il y aura, pour la première fois, des messes célébrées à

Patience, par M. le curé Le Balleur, de Changé, Taforeau et un municipal en écharpe. On m'a dit que les autres seroient célébrées au temple de la Raison, demain aussi : voilà ce que je sçais. Pour moi je ne compte pas me trouver ni en l'un ni en l'autre ; ma santé toujours mauvaise ne me permet pas de me trouver à de si grandes assemblées.....

XXXVIII

Laval, ce 30 avril 95.

Madame Boullier au citoyen Duchemin.

(Troupes occupant les chemins. — Paix signée à Rennes).

. . . . . . Mon mari est à Ernée ; ce voyage m'a donné bien de l'inquiétude : faire six lieues dans un pays occupé par les troupes des deux partis ! Mais heureusement, il n'a rencontré ni les uns ni les autres..... Ma sœur te marque sans doute des nouvelles. Madame Malfilâtre est ici pour se faire payer si elle avoit pu ; mais on vient de lui montrer un décret qui lui ôte cet espoir..... On dit la paix signée à Rennes avec les Chouans ; il en est venu hier ici, on ne sçait pas encore pourquoi.....

XXXIX

Lundi 15 floréal an III (4 mai 1795).

Mademoiselle Artémise Duchemin à son frère, à Chartres.

(Terroristes arrêtés. — Congrès royaliste).

. . . . . Nos jacobins ou sanguinocrates ne sont enfin plus ici [1] ; on les a ôtés cette nuit du château, pour

[1] *Liberté, Unité, Humanité, Égalité, Fraternité, Justice.*

Au nom du peuple Français,

Grenot, Guezno, Guermeur, représentants du peuple près les armées des côtes de Brest et de Cherbourg, et dans les départements de leurs arrondissements ;

Prévenus que, même dans leur prison, les nommés Bescher, Garot, Le Roux, Faur, Quantin, Pottier, Mélouin, Marat-Rigaudière et Julliot-Lerardière sont encore nuisibles à la tranquillité publique dans la commune de Laval, et même dans le département de la Mayenne ;

Arrêtent que les neuf individus sus nommés seront sur-le-champ transférés, sous escorte, de la prison de Laval dans la maison d'arrêt d'Alençon, pour y rester détenus sous bonne et sûre garde, jusqu'à ce qu'il en ait été autrement ordonné par les représentants du peuple, ou par le tribunal qui doit les juger ;

Chargent les procureurs-généraux-syndics des départements de la Mayenne et de l'Orne, chacun respectivement, de tenir la main à l'exécution du présent, et dont il leur sera à cette fin adressé des expéditions.

A Rennes, le 13 floréal, l'an IIIe de la république française, une et indivisible. *Signé :* Grenot, J.-T.-C. Guermeur, Guezno, J.-H. Le Gall, secrétaire.

Nous, procureur-général-syndic du département de la Mayenne, en vertu des ordres qui nous sont donnés par l'arrêté ci-dessus,

les mener dit-on à Alençon [1] et, je pense, à Paris. J'ai été assignée vendredi dernier pour témoigner dans leurs affaires comme tous les autres parents des détenus [2].

chargeons les citoyens Destais et Jarry de se faire délivrer par le concierge de la maison d'arrêt de Laval les nommés Bescher, Garot, Le Roux, Faur, Quantin, Pottier, Mélouin, Marat-Rigaudière et Julliot-Lerardière, dont ils donneront décharge au concierge; de les conduire, sous l'escorte qui leur sera fournie par le commandant de la place, dans la maison d'arrêt d'Alençon; de pourvoir à leurs besoins pendant la route, et d'avoir pour eux les égards que méritent des citoyens qui sont sous la protection de la loi.

A Laval, le 14 floréal, l'an IIIe de la république française, une et indivisible. *Signé :* Segretain l'aîné, pour l'absence du procureur général syndic.

Délivré pour copie conforme au citoyen Prieur, directeur du juré de Mayenne, le 15 floréal, an IIIe de la république française, une et indivisible. *Signé :* Jarry, com[t], Destais.

[1] « Je soussigné, concierge de la maison d'arrêt d'Alençon, département de l'Orne, certifie que les citoyens Jarry et Destais, commissaires civils, ont écroué en ladite maison d'arrêt les nommés Bescher, Garot, Le Roux, Faur, Quantin, Pottier, Mélouin, Marat-Rigaudière et Julliot-Lerardière, sur l'invitation qui leur en a été faite par l'administration du Département de la Mayenne. Dont décharge, audit Alençon, le 17 floréal de la IIIe année républicaine, etc.....

[2] Extrait d'un procès-verbal d'enquête ouverte le 12 floréal, et continuée les jours suivants, par Charles-François-Gilles Garnier-Duforray, juge au tribunal du district de Laval, et directeur du jury près icelui, assisté de René Suhard, greffier;

Contre Bescher, Le Roux, Garot, Quantin, Mélouin et Le Faur, ex-fonctionnaires publics, complices et adhérents, prévenus d'abus d'autorité, dilapidations, concussions.

Du 12 floréal, an III.

7e témoin. — Artémise Duchemin, 22 ans, chez son père, demeurant à Laval;

« Déclare que, le 14 nivôse an II, ses père et mère furent arrêtés sans qu'elle pût en soupçonner les motifs; qu'ayant été différentes fois au Comité et chez plusieurs de ses membres, sçavoir chez Bescher, Garot, Le Roux, Guilbert, Quantin, pour tâcher de se les procurer, elle ne put y parvenir; que Bescher, pour réponse, lui dit : Si ton père t'ennuie en prison, je l'enverrai à la Commission et le ferai guillotiner, quoiqu'il n'eût pas le plus petit reproche à lui faire; que sa mère est périe des suites de son incarcération; qu'elle a donné, pendant l'arrestation de son père, et pour tâcher de sauver

On m'annonce que j'iroi où ils seront pour la confrontation des témoins, ainsi je ne désespère pas de retourner à Paris; alors tu viendrois m'y voir, ou bien à Alençon s'ils y restent. Ce sera très régalant d'aller ainsi mourant de faim, par les chemins. L'ami Clément, d'Ernée, s'est échappé comme on vouloit le prendre[1]. Marie et Pannard[2], ses collègues dans la commission militaire,

ses jours, quoiqu'il fût innocent; elle donna huit pièces d'or de 24 livres à la femme Bescher qui les a fait remettre depuis que Bescher est en arrestation; qu'elle a aussi envoyé un pot de graisse à la femme Bescher; qu'elle a porté, par l'ordre verbal de Garot, pour obtenir la liberté de son père, une somme de 500 livres; que Bescher lui a dit qu'*il feroit guillotiner tous ceux qui croyoient en Dieu* ».

Bescher ne parlait ainsi que pour effrayer Mlle Duchemin. Rien n'autorise à croire qu'il fût athée; toujours, au contraire, il protesta de sa croyance à la Divinité.

[1] Jean Clément (né à Ernée le 3 avril 1746), notaire à Ernée au moment de la révolution, fut nommé juge de paix d'Ernée en 1792 et quitta ce poste en décembre 1793, pour devenir président de la commission militaire créée par les conventionnels Bourbotte et Bissy. Après le renouvellement du personnel de cette commission, Clément vint à Ernée reprendre ses fonctions de juge de paix et la gestion de son étude; il perdit la première de ces places après le 9 thermidor. Alors, inquiété pour ses nombreuses relations avec les terroristes du pays, il parvint cependant à déjouer toutes les recherches et ne cessa point de gérer son étude. Nous ajouterons que, mu sans doute par le désir de ne pas déprécier cet office ministériel, Clément, en tant que juge révolutionnaire, ne prononça pas une seule condamnation contre les habitants du canton d'Ernée. Vers 1797, il était directeur-administrateur de l'*Hospice d'Humanité* (Hôtel-Dieu) d'Ernée, *laïcisé* pendant la Terreur; il n'y a laissé que le souvenir d'une gestion assez peu recommandable. Au commencement de 1799, on le contraignit à céder son étude et il quitta le pays d'Ernée. Il serait allé, dit-on, s'établir à Rennes, où il est mort, sans doute.

[2] René Pannard, né à Mayenne vers 1754, était maréchal-ferrant à Mayenne. Nommé de bonne heure membre du Comité révolutionnaire de cette ville, il se fit connaître par sa grossièreté et son ivrognerie. Les représentants le nommèrent membre de la commission présidée par Clément; il y eut une attitude beaucoup plus effacée qu'on ne l'a prétendu. Pannard n'était pas le pire des membres de ce Tribunal, et l'on doit dire à sa décharge que, lorsqu'il n'était pas

n'ont pas été aussi heureux. On les amena ici hier soir, et ils sont du voyage.

Notre ville commence à prendre le ton d'importance. Nous avons plusieurs chefs de Chouans ; on croit qu'il va s'y tenir une espèce de congrès. Le peuple ne voit pas ces messieurs d'un bon œil et leur dit fréquemment des sottises, malgré les défenses de la municipalité. M. de Gellin et le comte de l'Hermitte[1] ont été assassinés à Saint-Denis d'Orques, quoiqu'avec des passe-ports bien en règle : il paroît que c'étoit le château qui avoit fait faire cela. Aussitôt le maire Jacot, du District, et l'adjudant Coustard partirent pour Rennes, pour instruire les

ivre, il fit preuve, à différentes reprises, d'une indulgence relative. Cependant, il lui arrivait parfois de s'endormir à l'audience et de ne se réveiller que poussé du coude par le président ; une ou deux fois, dans ces circonstances, alors qu'il s'agissait de causes dont il n'avait pas entendu un mot, Pannard, arraché à son sommeil, répondait avec une obstination d'ivrogne : *A mort ! A mort !* L'impartialité nous oblige à dire que la légende du pays a singulièrement grossi les faits. Après la cessation des pouvoirs de la commission Clément, Pannard reprit ses fonctions de membre du comité révolutionnaire de Mayenne ; il n'y joua, du reste, qu'un rôle peu important. Arrêté et détenu quelques mois après le 9 thermidor, il bénéficia de l'amnistie générale accordée aux terroristes. Pannard chercha dès lors à se faire oublier, jusqu'à sa mort, survenue à Mayenne vers 1836 ou 1837.

Jean-François Marie, sieur de la Colinière (surnommé Brutus), né en 1750, était, en décembre 1793, notaire à la Croixille et juge de paix du canton de Juvigné. Ses opinions ultra-jacobines le recommandèrent à l'attention des Représentants, qui le nommèrent membre de la commission militaire : il en fut le juge le plus forcené, et n'eut que Volcler, accusateur public, comme rival en scélératesse. — Arrêté en même temps que Pannard, comme celui-ci il refusa dédaigneusement toute explication sur sa conduite au sein de la commission ; comme lui aussi, il fut remis en liberté lors de l'amnistie générale. Il reprit alors pendant quelques années ses fonctions de notaire, et les exerça jusqu'à sa mort.

[1] Geslin, et Tristan Lhermite qui était un des signataires de la paix de la Mabilais (*Lettres sur la Chouannerie*, T. II, p. 302).

représentants de cette atroce violation du traité. Ils rentrèrent hier au soir avec un représentant et M. de Cormatin; je ne sçais ce qu'ils vont faire actuellement. M. Dupérat[1], Chouan, est ici depuis plusieurs jours; on dit qu'il a infiniment d'esprit et de talents. Il nous a fait venir du grain, même le lendemain que ses deux camarades avoient été assassinés. Les Chouans du pays ne le vouloient pas; il leur dit que la ville de Laval n'étoit pas responsable de ce qui se passoit à Saint-Denis ; ce trait de générosité a été très applaudi. M. de Gellin devoit commander notre pays. Notre garnison est détestable, comme tu l'as pu voir par ce que je t'ai marqué dans mes précédentes ; il est question de l'éloigner et même je crois de ne pas la remplacer. M. Duboisguy[2] est à Fougères avec la division de Chouans qu'il commande. Il n'y a pas d'autres troupes, il fait la police et maintient le bon ordre . . . .

Notre paroisse de Patience est très fréquentée; il y eut hier quatre messes et tant de monde qu'il étoit impossible de s'asseoir et de se mettre à genoux; et à celle où j'assistois la cour étoit encore à moitié pleine. Il y a beaucoup d'espace (libre) à la Trinité, quoiqu'ils n'aient que le chœur. Nous chantâmes vespres hier

[1] Duperrat, souvent cité par M. des Cepeaux, est un des chefs qui signe, avec Jambe-d'argent et Le Chandellier, le règlement qui leur est présenté par Cormatin le 7 mai 1795.

[2] Aimé Piquet du Bois-Guy, né à Fougères en 1776, conduisit aux Vendéens, quand ils entrèrent dans le Maine, une troupe de quatre à cinq cents hommes, prenant au passage la ville de Mayenne; suivit l'armée jusqu'à la déroute du Mans, puis revint dans le pays de Fougères. Arrêté, contre la foi des traités en 1796, il passa trois ans dans les prisons de Saumur, s'évada pour combattre encore et refusa les avances de Bonaparte qui lui fit offrir le grade de maréchal de camp.

pour la première fois. Je fus ballotée avec ma chaise et je ne sçais ce que je serois devenue sans ton ami Ch. [1] qui me porta ma chaise dans un coin où il y avoit moins de gens debout ; il y a bien longtemps que je désirois une pareille presse . . . .

XL

9 mai, 20 floréal an III (1795).

Mademoiselle Artémise Duchemin à son frère, à Chartres.

(Cormatin à Bazougers. — Messe à Patience).

. . . . . . Je n'ai pas grandes nouvelles à te dire aujourd'hui. M. de Cormatin et M. Dupérat furent jeudi à Bazougers, passer la revue de leurs troupes. Je crois qu'il ne devoit s'y rendre que les capitaines. On m'a assuré qu'il est venu à bout de leur persuader de cesser les hostilités, et qu'il est revenu fort content de tout son monde. Le bled ne nous vient qu'en très petite quantité. Descepeaux a été envoyé avec M. Mouëtte et un Chouan en demander à Nuillé ; on lui en donnera si la garnison est renvoyée d'ici; c'est à tous la même réponse, et nous sommes très à peu.

Nous avons été un jour troublés dans l'exercice du culte. Des soldats, qui attendoient l'heure de partir dans

[1] M. Charles Piquois.

le faubourg, entrèrent dans l'église en armes et parlant haut. La messe finie, chacun s'encourut en tremblant par la maison de Patience. Les soldats entrèrent dans l'église, ils y dansèrent une ronde : ils étoient provoqués à ces indécences par les jacobins du voisinage. Antoine[1] accourut avec son écharpe ; il a puni plusieurs personnes. Nous sommes très tranquilles actuellement. »

XLI

Mercredi 20 mai, 1er prairial an III (1795).

Mademoiselle Artémise Duchemin à son frère, à Chartres.

(Fausse pacification. — Affaire à Meslay. — Cormatin).

Me voilà à t'écrire, mon cher ami, dans la tonnelle d'ifs du verger. Elle a été bien souvent le lieu de nos conversations ensemble. Quand *l'aurai-je* cette satisfaction ? En vérité, je n'ai pas le courage de remarquer la pousse de la haie d'aubépine qui causoit tant notre admiration ! Je viens souvent là bâtir des projets pour t'y revoir !.... J'espérois tout de la pacification, mais voilà qu'elle tourne à sa fin et que la disette en est le prétexte. Je dis le prétexte, car quelques généraux de

[1] Il s'agit évidemment ici de M. Antoine Piquois, alors maire de Laval.

division, n'ayant pas malheureusement le bien public pour le seul fondement de leur courage, font ce qu'ils peuvent pour recommencer les hostilités. Notre pays n'ayant pas été aussi pillé que la Vendée, ils font de grandes spéculations sur ce qu'ils perdent à la paix de ce côté, sans parler encore de leurs épaulettes. On ne peut donc réussir à exécuter l'article qui dit qu'on ne laissera que trois cents hommes de troupes républicaines par district? La famine auroit dicté cette mesure, quand il n'y auroit pas eu de pacification : les Chouans refusant absolument de laisser venir du bled tant qu'il y aura des troupes ici. Toutes ces considérations sont inutiles, ces messieurs veulent rester, veulent avoir du bled, prennent celui du magasin et le peuple jeûne. La municipalité a publié une permission aux habitants de notre ville d'aller sur les campagnes, sans armes, traiter de gré à gré avec les paysans pour acheter du bled. Les soldats vont, eux, en chercher de force, pillent les maisons des propriétaires et enfin se font tuer par les Chouans. Il y a dans ce moment-ci une affaire très sérieuse du côté de Meslay, qui dure depuis deux jours, les républicains étant bloqués dans une maison de campagne ; on en dit déjà trente de morts. Il est parti cette nuit quatre cents hommes pour les secourir. Les Chouans de leur côté se renforcent ; je ne sçais point ce que cela deviendra ; le bled n'arrive point, ce qui prouve que l'affaire est sérieuse. On peut néanmoins encore espérer que la paix ne sera point rompue pour cette infraction. Le représentant Ruel[1] doit nous venir ; il

[1] Albert Ruelle, député d'Indre-et-Loire à la Convention, fut l'un des négociateurs de la pacification de l'Ouest. Le 1er mai 1795, il envoie à la Convention un rapport dans lequel il démontre par des

réunit la confiance de tout le monde. On assure que les Chouans n'ont pas attaqué les premiers, mais qu'ils ont représenté que c'étoit violer le traité que de venir en force chercher le bled nécessaire pour leur subsistance. Malgré tout cela, la ville est tranquille, chacun s'approvisionne comme il peut et on distribue une demi livre de pain par jour, du reste de nos greniers qui sont entièrement vides. Cependant on nous a laissé deux boisseaux par personne. Le peuple va le dimanche chez ses connoissances de la campagne et rapporte son petit sac ; ces ressources pourroient s'épuiser ; alors je ne sçais ce que nous deviendrions. On débite ici que nos terroristes sont transférés à Chartres, tu nous en diras des nouvelles ; ce n'est pas un cadeau vous faire, car ils méditent toujours des troubles. On dit que le geôlier d'Alençon étoit déjà gagné et que les projets recommençoient. Si on instruit le procès à Chartres, me voilà encore à ton ménage de garçon.

Tu vois parce que je t'ai déjà dit, que le congrès qu'on présumoit devoir se tenir ici, n'a point lieu. Il n'y a même plus de chefs ici. Cormatin est retourné en Bretagne, Dupérat est dans nos environs ; leur sûreté exigeoit qu'ils sortissent de la ville, n'ayant d'autre garde que la bonne foi. Il paraît que l'assassinat n'a pas de suites, ou du moins qu'on les réserve pour un autre

faits, combien les dispositions des Chouans sont sincères, et combien ils étaient ennemis des brigandages qu'on leur attribue faussement. Son arrivée à Laval était attendue avec impatience. Le 29 mai 1795, l'administrateur du département de la Mayenne écrit à Defermon de hâter l'arrivée du représentant Ruelle « car, dit-il, notre position est telle qu'il nous est impossible de continuer nos fonctions.... La barque que nous conduisons fait eau de toutes parts, et nous sommes menacés d'être engloutis en tous sens, par la faim, le terrorisme, l'aristocratie, etc. ».

temps, car je ne compte pas la prison de quelques-uns des assassins....

XLII

Samedi 23 mai, an III (1795).

Mademoiselle Artémise Duchemin à son frère, à Chartres.

(Affaire à Louverné).

. . . . . Nous eûmes hier une soirée très orageuse, la générale fut battue, les Chouans alloient fondre sur nous. Il y a un camp à Louverné [1] de 600 hommes et un autre de 300 à la Coconnière. Le premier fut attaqué et conduit en déroute jusqu'à Barbé, par Louvigné, voilà ce qui fit la rumeur. On ne sçait pas encore le nombre des morts. Des charrettes de blessés viennent aux hôpitaux ; on prétend qu'il s'est noyé des soldats qui fuyoient. Je ne sçais rien de certain, que la frayeur que cette affaire causa ici ; tout cela dérange bien la paix. . . . .

La démonétisation des assignats royaux a fait fermer ici les boutiques, c'est-à-dire que les marchands font 40 écus ce qu'ils vendoient 40 livres. La plupart refusent absolument de vendre, à moins qu'on n'achète

[1] Billard raconte dans ses *Mémoires*, T. 1, p. 63, qu'à cette date, venant de Mayenne à Laval, il croisa un régiment qui venait en sens contraire, et deux cantonnements et le *camp de Louvernay*, sans prendre d'autre précaution que de couvrir son uniforme de son manteau.

avec de l'argent ou qu'on n'échange avec d'autres marchandises. Hier à la halle on vendoit la livre de beurre frais 15 livres, et 10 livres en assignats royaux[1], en débitant que les Chouans vouloient qu'ils eussent cours. Beaucoup de personnes les achètent, on ne sçait que comprendre à tout cela. Je vois que la guerre va recommencer plus sérieusement que jamais ; il ne nous viendra rien absolument des campagnes . . . .

Vendredi 29 mai, an III, 10 prairial.

Les représentants du peuple qui avoient fait le traité avec les Chouans, ont fait arrêter à Rennes M. de Cormatin et six autres chefs qui ne se doutoient pas d'une pareille aventure ; on les fait conduire à Cherbourg. La guerre va redevenir bien violente.

XLIII

7 juin.

Mademoiselle Artémise Duchemin à son frère, à Chartres.

(Pillage).

. . . . Nous craignons à chaque instant le pil-

[1] Un grand nombre d'assignats royaux, signés de divers chefs Vendéens et en particulier de l'abbé Bernier, avaient cours, et on les trouve dans toutes les collections. Le fait signalé ici montre qu'ils faisaient prime sur les assignats républicains.

lage. Nous ne pouvons espérer l'éviter, il se fait tous les jours dans la campagne. Le bled pour les militaires se prend dans le pays ; toutes les semaines ils en vont chercher, cela fait toutes les semaines un combat sérieux. Pour la première fois aujourd'hui, on mène des canons avec l'escorte ; les soldats qui restent se promettoient hier de piller la ville, si leurs camarades avoient le dessous. Voilà donc notre attente, elle n'est pas gaie ; néanmoins comme l'on se fait à tout, je crois que l'on s'habitue aussi à la peur. Il est certain que j'en ai moins que l'année dernière. La générale, que l'on bat très souvent, ne me fait presque plus de sensation . . . . Ne mène point une vie si maigre, il faut te nourrir. Tu as eu tort de retrancher ton deuxième plat. Nous vivons le plus économiquement possible, mais c'est notre ancienne habitude, il n'y a rien à diminuer. Dans la consommation je cherche le meilleur marché ; la viande est une des choses les plus chères et dont on ne peut se passer. Je me joignis la semaine dernière avec mes deux tantes L. et H. et ma sœur pour partager un veau que nous achetâmes vivant. Il nous revint à 50 sous la livre tous frais faits, et dans les petites boucheries on le vendoit 5 livres. Nous comptons nous arranger de même à l'avenir . . . . .

XLIV

16 juin, l'an 1795.

Mademoiselle Artémise Duchemin à son frère, à Chartres.

(Malles-postes. — Danican. — Insignes prohibés).

Je continue, mon bon ami, mes séances du verger; m'y voilà encore à t'écrire. Il a un désagrément de plus, les cerises y sont fort rares. Les frênes et peupliers viennent fort bien. . . . .

Mets-toi bien en tête de ne point être inquiet quand mes lettres tarderont. On n'ose plus ici mettre une faible escorte aux malles, et quand les troupes sont en détachement, les courriers attendent leur retour; il y a eu ainsi jusqu'à cinq malles et trois diligences à dormir ici. Nous attendons tous la récolte avec bien de l'impatience. Les troupes continuent de dévaster les campagnes en allant chercher du bled. Hier, Hauterive fut complètement pillé, les effets du château n'ont point sauvé ceux du paysan : on le dit ruiné. Des femmes et des hommes de la ville se sont mis à suivre les détachements; il en fut tué hier malheureusement quatorze. Cet événement n'a point empêché ce matin plusieurs femmes de partir encore. Le désir du pillage nous rend courageux, nous autres lavallois! On croiroit que ce devoit être la faim si plusieurs ne vendoient leur bled au retour en ville. Nous attendons le général Danican[1], dont le patriotisme éclairé pourra mettre un frein à la licence des soldats. Nous n'osons mettre le pied hors de la ville, dans la crainte de nous trouver au milieu de quelque pillage, ou de rencontrer des Chouans ; ce qui, comme tu le penses, seroit d'un grand danger. Autre inconvénient : l'on a posé, depuis environ un mois, des corps de garde à toutes les avenues de la ville, qui fouillent les sortants, cela fait un désagrément pour des femmes.

[1] Auguste Danican était un des généraux qui commandait les troupes républicaines au combat de la Croix-Bataille, le 26 octobre 1793. Après le départ des Vendéens de Laval, il resta dans la Mayenne en qualité de général de brigade, chargé avec la guillotine de mettre à la raison les révoltés du département (lettre de Francartel à la commission militaire de Saumur, 1er frimaire an II). Il s'acquitta bien de cette mission et fut le pourvoyeur de la commission Félix. Le 28 brumaire an II, il lui envoie six soldats faits prisonniers à la Gravelle, avec recommandation de sévir. « Ce sont des gens dont il est essentiel de faire des exemples ». Le lendemain il lui envoie de nouveau quatre soldats vendéens pris à Laval et il ajoute « des exemples et de la terreur, et tout ira bien ». Si le 2 frimaire il conseille l'indulgence pour les prisonniers que la commission doit juger, c'est uniquement « pour ramener les esprits ».

Dans la suite, ce général d'aventure sentit le besoin de se disculper de toutes les cruautés qu'il avait commises dans le département. Il écrivit dans le *Moniteur*, le 22 août 1795, un long réquisitoire contre les généraux de la Révolution, coupables des mêmes crimes. D'après lui Bouland, adjudant-général à Ernée, payait 20 livres à ses soldats chaque paire d'oreilles humaines qu'ils lui apportaient et qu'il collectionnait dans sa chambre. Le général Thureau faisait tuer des enfants qu'on portait ensuite au bout des baïonnettes. Le général Vachot, envoyé pour combattre les Chouans, les multipliait partout à force d'injustice et de crimes, afin d'agrandir son commandement. Il termine par ces paroles : « Le salut de la République dépend de l'épuration de l'armée. La guerre de la Vendée et celle des Chouans n'existeroient point sans l'ignorance et la cruauté inouïe des anciens chefs ». On doit dire à son avantage qu'à cette époque il avait pris le vent qui était à la modération, et que son retour à Laval fut même désiré.

Cette fouille a été ordonnée d'après une découverte de poudre, que l'on présumoit être envoyée aux Chouans... On a aussi publié une défense des représentants du peuple, de porter des carmagnoles grises, chapeaux à hautes formes, rubans blancs et noirs, en un mot tout ce qui ressemble au costume des Chouans. On voit encore cependant des carmagnoles grises. Je pense que cela doit venir de la nécessité d'user ce qu'on a . . .

Depuis le dernier décret sur la liberté des cultes, il n'y en a plus qu'un ici qui s'exerce à la Trinité. On parle quelquefois de rouvrir Patience, mais je n'y vois pas de probabilité. Je ne sais comment vous faites. Ernée a passé outre et continue sans que la municipalité ait rien dit[1] . . . .

Je ne sais comment te faire passer des assignats. La poste n'est point sûre ; j'aurois envie de t'envoyer une lettre de change que tu ferois passer à M. Deschiens ; il t'en feroit repasser le montant en assignats par la poste. Réfléchis sur ce moyen et tu en diras ton sentiment par la première. Cependant, si le petit cousin partoit dans cet intervalle, je pourrois risquer de lui en donner, mais la voie de la diligence ne me paroît pas bien sûre. Porte-toi bien. D....

P. S. — Nous finissions hier de t'écrire avec le jour. Nous soupions, on battoit la générale ; il y avoit eu un homme attaqué sur le pont Saint-Nicolas, on crut que

[1] Il ne s'agit ici que du culte exercé à l'église paroissiale par les prêtres assermentés, Cahoreau, curé d'Ernée, Pottier, curé de Saint-Ouën-des-Toits, etc., etc. Le culte ne fut jamais repris aux Bénédictines, à la chapelle de la prison et à celle du prieuré Saint-Jacques. La chapelle de l'hôpital ne fut rouverte qu'en 1799, et le sanctuaire N.-D. de Charné, seulement en 1808.

toute la bande alloit fondre sur la ville. A dix heures tout étoit paisible. C'est ainsi que nous ne passons jamais huit jours sans au moins une générale.

XLV

22 juin 1795.

Mademoiselle Artémise Duchemin à son frère, à Chartres.

(Pillage chez Madame d'Hauterive. — Ville fermée).

Tu as peut-être reçu actuellement, mon cher ami, mes lettres des 7 et 16 juin. Tu sçais donc que le messager du Mans ne vient point ; j'en enrage beaucoup à cause de ton paquet. Je n'ai que la poste pour t'écrire. Tes lettres nous viennent comme à l'ordinaire, ainsi écris toujours quoique tu ne reçoives rien, et ne nous crois pas morts. Les courriers ont peur d'être dévalisés, il leur faut une nombreuse escorte ; ils marchent plusieurs ensemble pour se servir de la même.

Nous sommes assez tranquilles ; voilà six à sept jours que la générale n'a battu ; nous espérons que les troupes ne vont plus piller. Notre général Gency[1] est

[1] Général de brigade, nommé en 1791 pour commander la subdivision de l'armée de l'ouest, dans le département de la Mayenne, en résidence à Laval. Aubert du Bayet dans un rapport au Comité de

dénoncé ; on le dit parti de ce matin ; Danican doit nous venir. Nos métairies n'ont point été pillées, j'entends du gros vilain pillage qui ruine tout à fait, mais seulement gaspillées. Villiers en est resté avec ses portes brisées de l'année dernière, seulement une visite pour le grain a emporté le pot de lard. Nous sommes des heureux. Mme d'Hauterive se tourmente en tous sens pour le sac de sa campagne. Il ne lui reste pas un fil ; il n'y a plus ni portes, ni fenêtres, ni boiseries. Je ne sçais si elle réussira à se faire indemniser ; elle évalue sa perte à 500.000 livres. Comme il y avoit deux seringues, un bâton d'onguent, de l'eau de Cologne et des chemises à Mme d'Hauterive, le général a dit que c'étoit l'hôpital des Chouans.

Notre ville va être fermée, c'est-à-dire que l'on va mettre des portes au bout des rues qui conduisent à la campagne. Les troupes ne vont plus, dit-on, être dans la ville, mais campées aux environs. La garde nationale va être réorganisée suivant le nouveau décret. Je ne sçais quel grade on te donnera, car je pense que vous en ferez autant que nous, et que vos ouvriers et domestiques se feront rayer comme ici . . . .

Sais-tu que je m'instruis ? Je suis au quatrième volume de l'*Histoire ecclésiastique*. Cette lecture m'attache infiniment. Voilà que je ne puis finir le dernier volume de Condillac et que je le laisse là. Je pense souvent que j'ai encore deux volumes de la *Physique de Nolet* à lire ; mais je t'attends pour m'aider.

Salut Public du 24 septembre 1796, l'accuse de « favoriser les excès de ses soldats et de tolérer ceux des misérables femmes qui les suivent ».

XLVI

Dimanche 5 juillet 1795.

Monsieur et Mademoiselle Duchemin au citoyen Duchemin Villiers, à Chartres.

(Bruit d'une descente des Anglais. — État des campagnes).

Mon fils, tu trouveras ci-joint une lettre de change de 1000 livres sur M. Vaudichon, au 10 du prochain, ce qui a rapport au 28 juillet fixe. J'ai préféré t'envoyer une lettre de change plutôt que de charger des assignats à la poste, pourquoi il auroit fallu payer 5 pour 100 que je perdrois gratuitement, puisqu'on ne répond point des assignats qu'on y charge. J'ai parlé à M. Bigot ; il ne lui étoit rien dû à Chartres, mais il m'a dit que tu pourrois t'adresser à M. Petit d'Ossonville, qui pourra te procurer le paiement de la lettre ; il le fait pour nos concitoyens. D'ailleurs, s'il en coûtait quelqu'escompte, cela sera plus sûr que par la poste, nos communications sont très souvent interrompues et très peu sûres. Le messager du Mans n'est pas venu depuis six semaines et j'ai parlé à Mme Roger pour mettre ton paquet à la diligence ; elle m'a remis à la fin de la semaine pour me dire si elle pourra le faire partir. S'il part, il restera à Dreux et il faudra le faire recommander au directeur des messageries, pour le faire passer à Chartres. . . . . . D.

Mademoiselle Duchemin : Il y avoit ici onze compagnies de grenadiers, il en partit hier cinq ; comme leur départ a autorisé le bruit d'une descente des Anglais à Belle-Isle-en-Mer, tout de suite on leur a fait prendre Granville et Saint-Malo, et nos troupes vont les repousser. Les Chouans vont tous aller les protéger [1].

Les troupes vont journellement dans les campagnes, piller et voler tout ce qu'elles trouvent, et ne laissent aux paysans que les yeux pour pleurer, et de temps à autres tuent. Les pauvres paysans sont désespérés et ne sçavent d'où ils en sont. Les Chouans prennent bœufs, chevaux et moutons, dans certains endroits ils veulent la dîme de la laine et les impôts. Je ne sçais comment cela se tournera, et la récolte qui n'est point avancée à cause de la pluie ! Aurons-nous nos grains ? c'est une question qui ne s'éclaircira peut-être pas à notre avantage. Le grain file peu à peu. Le peuple va dans la campagne en chercher ; les uns payent à leur fantaisie, d'autres le prennent sans payer, au moyen des armes qu'ils ont en mains, et allant en troupe même avec des volontaires.

[1] Les premières troupes débarquèrent à Quiberon le 25 juin 1795 et s'emparèrent du fort de Penthièvre, qui commandait l'entrée de la presqu'île. Une première faute commise par le comte d'Hervilly fut de vouloir attaquer les troupes républicaines sans attendre les troupes qui venaient du Hanovre. Celles-ci prirent terre le 18 juillet. Dans la nuit du 21 juillet, le fort fut attaqué au moment d'une violente tempête, par le général Humbert. On avait eu l'imprudence d'enrôler dans la petite armée royaliste des prisonniers républicains et, ce jour-là même, le plus grand nombre étaient de garde au fort. Une quarantaine étaient déjà passés à l'armée de Hoche. Le fort fut enlevé ou plutôt livré sans résistance sérieuse. Ce fut le commencement d'un désastre sans remède et le prélude d'une des plus horribles hécatombes. Les exécutions commencèrent le 28 juillet par Mgr de Hercé, notre compatriote, et le brave Sombreuil. J'écris cette note au centième anniversaire de cette date douloureuse pour tous les partis.

Tout est permis et pris, provisions de toutes espèces, linge et hardes, argent et assignats. La baïonnette est la moindre menace. Voilà à peu près l'état de nos campagnes . . . .

Mme d'Hauterive a recouvré une partie de ses effets, mais pas tout. M. Cassen[1] est allé demeurer dans la maison de M. Du Mans. Il y avoit fait transporter son vin, ses liqueurs dans la cave : tout a été pris ; on a trouvé le secret de lever la trappe de la cave. Et cependant il y a une garde de volontaires pour la nuit. Qui est-ce qui l'a fait ?

XLVII

Laval, le 6 juillet 1795.

Charles Piquois au citoyen Duchemin, à Chartres,

(Les Chouans. — Tallien).

Véritablement, mon cher ami, comme avec trois ou quatre questions tu tailles de la besogne à tes correspondants ! Qu'espérons-nous ? Que craignons-nous ? Comment voyons-nous ? Vite, vite, il te faut un tableau de notre situation. Il te fera plaisir s'il est fait de ma main. Ma foi je n'en crois rien, car je ne me sens pas disposé à te le faire récréatif. Nous sommes entourés

[1] Cassin, ex-employé des gabelles.

d'ennemis dont le nombre s'accroît tous les jours. Ils laissent maintenant arriver nos grains, sans attaquer nos convois ; ils n'en sont que plus redoutables, à mes yeux ; je crains beaucoup que cette modération ne tienne à un grand plan dont le fil principal est dans le cabinet de Saint-James. Tout ce que je vois autour de moi me confirme dans cette funeste idée. Ce ne sont plus de petits corps séparés qui se battaient pour vivre, ce sont des soldats qui obéissent aux ordres supérieurs qu'ils reçoivent peut-être de fort loin. La république en viendra à bout, son génie la sauvera, mais il y a toute apparence que les Chouans lui donneront longtemps de la tablature. Il est inconcevable comment le mal qu'ils se font à eux-mêmes, qui est la digne récompense de leur insurrection, ne fait qu'augmenter cette insurrection, parce qu'ils l'attribuent faussement à la République. Encore la haine de la liberté est rallumée dans le cœur des paysans par les excès de toutes espèces auxquels se livrent nos braves soldats qui, par une fatalité capable de jeter dans le découragement, si ce sentiment pouvait entrer dans l'âme d'un républicain, ne sont peut-être pas assez réprimés par les chefs.

Tallien et un autre représentant sont passés par ici[1]

[1] Le passage de ces deux députés dans la Mayenne est signalé, entre autres pièces, par les deux suivantes (*Arch. de la Mayenne*, série I).

Mayenne, 17 messidor, an IIIe de la République française, une et indivisible.

Les représentants du peuple Tallien et Blad, membres du Comité de salut public, envoyés extraordinairement dans les départements de l'Ouest,

Aux membres du district de Mayenne.

Nous vous envoyons, citoyens, une lettre que nous avons cru devoir écrire à la commune d'Andouillé, pour la féliciter de la

pour aller en Bretagne s'opposer à une descente d'anglais qu'on dit projetée depuis longtemps sur plusieurs points. Si tu savais comme tous nos politiques raisonnent là-dessus ! Je ne crois pas que les émigrés soient assez imprudents pour opérer une descente, et oser toucher la terre de la liberté, où ils sont condamnés à mort. Cependant ce voyage de Tallien ne laisse pas que d'occasionner une certaine frayeur, car il n'y a pas de fumée sans feu....

conduite honorable qu'elle tient dans les circonstances critiques, conduite qui ne sçauroit être trop imitée par les autres communes des environs.

Nous vous chargeons de faire passer officiellement, *et le plus tôt possible,* cette lettre aux habitants d'Andouillé, de la faire imprimer et distribuer en nombre d'exemplaires suffisant pour lui donner la plus grande publicité.

Les Représentants du Peuple,
Signé : C. A. A. Blad et Tallien.

N. B. — *La lettre dont il s'agit, du 17 messidor an III, est ainsi conçue :*

A la commune d'Andouillé.

Nous apprenons avec la plus vive satisfaction, citoyens, les courageux et honorables efforts que vous opposez aux crimes des scélérats qui désolent nos contrées.

La Convention, à laquelle nous allons rendre compte des rapports que nous recevons de toutes parts sur votre conduite, ne manquera pas d'y applaudir, et de vous en témoigner son contentement.

Continuez à bien mériter de la Patrie et à vous assurer des droits éternels à sa reconnoissance, en donnant aux autres habitants de ces départements un exemple qui contribuera efficacement au repos de tous et à l'extinction générale des hordes de ces vils scélérats, contre lesquels vous déployez toute l'énergie de vrais républicains.

Les Représentants du Peuple,
Signé : C. A. A. Blad et Tallien.

Tallien et Blad se rendaient à Quiberon. C'est sur eux que retombe surtout l'odieux du massacre de soldats qui s'étaient rendus.

XLVIII

10 juillet 1795.

Mademoiselle Artémise Duchemin à son frère, à Chartres.

(Les églises. — Bruits).

Je pense que M. D.... t'aura écrit. Il a dit à Annette qu'il n'exerçoit plus la médecine, la Terreur étant passée, mais vivoit en bourgeois. Je ne sçais s'il a quitté son titre.... J'avais oublié de te dire que MM. Leveau et Paumard[1] étoient revenus il y a déjà du temps. Le premier est à son ancienne demeure. Nos églises sont toujours fermées ; quelques furies et des soldats ont donné un assaut civique à la maison de M. Le Balleur, au moment qu'ils croyoient qu'il célébroit. La municipalité vint un peu mettre le holà et on ne trouva personne : le maître étoit, dit-on, couché. Il faudroit fort peu de chose pour nous remettre à la hauteur de l'an dernier ; il ne faudroit que quelques têtes comme celles que nous avions.... On dit toujours Vannes et Lorient pris, et Port-Louis par conséquent. Il a passé 3.000 hommes par ici, que l'on envoie à Cherbourg. Je ne sçais ce que nous allons devenir cet été. Nous nous épuisons en

[1] François Paumard, fils de François Paumard et de Jeanne Gesslot, né à Avesnières, le 17 août 1728, chanoine et sacristain de Saint-Tugal, entra en la maison de Patience le 14 octobre 1792, fut ensuite envoyé à Rambouillet, et mourut à Laval le 6 avril 1801.

conjectures sur la récolte ; nous la laissera-t-on venir ? la garnison ira-t-elle la chercher ? la mangerons-nous paisiblement ? c'est là la grande question . . . . .

Nos fonds sont bien baissés. La crainte de payer suivant *l'incomprenable* échelle vient de nous faire payer toutes nos impositions.

J'attendrai que Gillot ait effectué sa promesse de vendre ses bœufs plus de 20.000 livres, et un cheval je ne sais combien ; mais aussi il a acheté une couple de petits cochons 600 livres. Le grain se vend 100 livres et jusqu'à 50 écus le boisseau, 5 livres et 6 livres en argent ; la disette cause ce grand prix.

J'ai revêtu Renaud de ta vieille veste de chasse, verte ou bleu ; il est magnifique avec.... Je voudrois savoir quel degré d'attache tu as pour ta redingote gros bleu : le pauvre garçon est tout nu. 150 livres de gages ne lui donneront qu'une paire de souliers !.... Papa pense qu'il fera un bon sujet. Je lui montre à lire et lui fais repasser le catéchisme tous les jours après le dîner.

15 juillet 1795.

On assure qu'il y a auprès de Vannes 25 à 30.000 anglais, émigrés ou Chouans. Le débarquement s'est fait de Belle-Isle, par la baie de Quiberon. Il a passé par ici 3 à 4000 hommes de l'armée du Nord, venant de la Hollande pour aller en Bretagne. On dit aussi qu'il y a des Chouans partis pour se réunir aux débarqués [1].

[1] Les Chouans qui se réunirent aux émigrés débarqués à Quiberon furent mis en avant-poste dans un camp retranché.

XLIX

17 août 1795.

Mademoiselle Artémise Duchemin à son frère, à Chartres.

(Nantes. — Ahuillé. — Défense de Charette).

M. Jeudry[1] est mort. Voilà une succession qui occupe beaucoup l'esprit. Il n'est pas encore décidé si la conscience permet de faire les partages suivant la loi du 17 nivôse. Il y a pour M. Boullier un avantage du huitième au cinquième. C'est un malheur que le bonhomme soit mort avant Pierre.... Il est bien difficile de consulter ici sur la conduite à tenir dans les partages. Une partie des ecclésiastiques est contraire à la soumission que la Convention demande d'eux, l'autre la trouve bonne, et même ils seront partagés pour cette affaire qui tient à une loi civile. Comment déciderois-tu cela ?

Papa a parlé deux fois à M. Bigot pour sçavoir quand il feroit un envoi à Chartres, il lui a toujours répondu qu'il n'en étoit point question. Ainsi mon ami, décide si tu veux que je fasse un ballot de tes coupons et que je les envoie à la messagerie....

Le temps de la moisson approche et même est venu[2];

[1] M. Jeudry d'Ernée, oncle de M. Boullier.
[2] Pour cette lettre et les suivantes voir *Lettre XXXII sur la Chouannerie.*

nous ne sçavons pas plus qu'il y a six mois si nous aurons nos grains. Dans plusieurs paroisses les Chouans empêchent de battre ; cela est d'un mauvais augure. Mathurin nous vint hier, il nous montra un arrêt sur les dimes signé *La France*, capitaine (Alard)[1] ; il craint de ne pouvoir nous amener son bled. Cependant cela n'est pas encore décidé. Tout nous présage des moments bien orageux pour la fin de ce mois . . . . On se dit tout bas que l'on craint que Nantes ne soit pris de vendredi dernier ; j'ai de la peine à croire cela, quoiqu'on donne quelques détails. Il est vrai que l'on a entendu d'ici et des environs des coups de canon. Si cette malheureuse affaire est vraie, la guerre va se faire encore plus violemment dans notre pays ; nous serons bien malheureux ; point de grains s'ils sont les maîtres. Les petits chemins d'Ahuillé et paroisses circonvoisines sont comblés. Les Chouans les ont remplis d'arbres qu'ils ont abattus exprès. Dis-moi donc comment tout cela finira. Il me semble que dans l'éloignement on devroit mieux voir que nous, du moins vous êtes moins sujets à la prévention.

J'ai appris ce matin que les Chouans ont certainement l'ordre de Charette de ne laisser pas venir un grain de bled aux propriétaires en ville. Il est probable que ceux que la faim fera aller à la campagne, seront regardés comme amis et partisans des Chouans. Quel parti prendre ? je ne connois que celui d'avancer dans l'intérieur de la république.... Nous sommes tous dans

[1] François Allard, dit *La France*, d'Auvers-le-Hamon, tint la campagne de 1793 à 1800. Surpris dans sa bonne foi, il donna cependant son adhésion au traité de paix du 10 février 1795, mais reconnut bientôt qu'il avait été trompé. Il était en 1795 capitaine de Vaiges.

la plus grande inquiétude. Hier, une mesurée de Mme Delière fut arrêtée à Priz. On empêche de battre. Nous sommes sans assignats absolument.... La pièce de 6 livres vaut 24 pistoles; dis-moi donc ce qu'elle vaut chez toi. La récolte des foins n'est généralement pas bonne; celle des grains sera, dit-on, fort médiocre. Il paroît que nous n'en aurons même pas le prix. Les Chouans voudroient que les propriétaires iroient dans leurs maisons de campagne. Notre sort ressembleroit bientôt à celui des femmes de la Vendée; nous serions compris parmi les rebelles, quoique nous ne fussions là que pour manger. Ils veulent que les réfugiés rentrent aussi chez eux, sous peine de confisquer leurs biens et de les traiter comme la république traite les émigrés. Vois un peu quel est le parti qu'il faudra que nous prenions.... On me menace toujours d'aller à Alençon pour la procédure de nos Jacobins.

L

24 août 1795.

Mademoiselle Artémise Duchemin à son frère, à Chartres.

(Les grains. — Attaques d'Andouillé et de Saint-Jean. — Meurtres).

J'ai reçu, mon cher ami, ta lettre du 16 à huit jours de date.... Je suis fort en peine comment t'envoyer tes coupons. M. Bigot dit qu'il n'a point d'envoi à faire. La diligence ne veut point se charger de paquets passant 20 livres. Le messager du Mans ne vient point; il faudroit donc mettre par la messagerie de Paris, l'adresser à M. Deschiens qui te l'envoyeroit. Tu me diras ce que tu penses de tout cela. François est revenu de la foire [1]; il y avoit beaucoup de marchandises, peu de marchands. Les siamoises n'y étoient pas chères, le coton l'étoit beaucoup. Nous avons fait un beau coup de ne pas vendre la nôtre, nous n'aurions point eu de bénéfice. Le prix de la livre est de cent à deux cents francs. Je n'ai fait acheter qu'un millier d'épingles qui me coûte 36 livres. François trouvant le coton trop cher en raison du prix de ses siamoises, qu'il n'a vendu que 80 livres, a acheté du drap d'Elbeuf de 5 à 600 livres l'aune....

Je crains bien que nos biens ne soient gérés par les Chouans ou les républicains, les plus forts. On nous annonce 13.000 hommes de l'armée des Pyrénées, que l'on distribuera dans les paroisses pour faire battre et amener les grains; ils seront bientôt mangés... Qu'en retirerons-nous? C'est un on-dit. Il peut être vrai. L'exécution sera traversée par les Chouans. Il me semble les voir avec les bleus se tirailler nos sacs de

[1] La foire de Guibray, « faubourg de la ville de Falaise, où l'on tient le 16 août la plus belle foire de Normandie; l'on y vient de toutes les provinces du royaume et des pays étrangers; elle dure huit jours. Le concours des marchands y est fort grand. Ils y ont presque tous des loges fermées en propriété et y vendent des étoffes de toutes sortes, soie, laine, orfèvrerie, mercerie, quincaillerie, toiles, cuir, bétail, etc. La Petite Guibray tient le 16 septembre ». *Dictionnaire Universel de la France,* 1726. — Cette foire remonte au XIe siècle. Elle n'a plus l'importance d'autrefois, sinon pour la vente des chevaux.

bled, sans que nous puissions même recueillir ce qu'il s'en perdra par chemin. Un détachement a été cette semaine faire battre à Entrammes et a amené trente charrettes de grain ou environ. Un autre de soixante soldats fut hier à Meslay. Les Chouans se sont trouvés, ont arrêté le grain et tué cinquante-trois soldats, plusieurs disent même les soixante. Les paysans d'Andouillé sont tous soldats; ils ont fortifié leur bourg, montent la garde; et enfin, lundi, en allant aux vivres, les Chouans leur tuèrent dix hommes. Le soir, quand ils se furent rassemblés, ils tombèrent sur Saint-Jean et Changé, et tuèrent neuf femmes et trois hommes qui battoient. Plusieurs enfants ont été tués, les maisons pillées, et mille horreurs commises dans tout leur passage. Voilà comme ces braves se défendent et se vengent! Avant-hier, à neuf heures du soir, une fille d'Avénières retournant chez elle, fut tuée par la sentinelle qui est à l'entrée du grand chemin. Mlle Richard, la cadette (de la rue des Ursules) fut tuée de même cet hiver, à six heures, à sa porte. Ah! nous nous trouvons dans un coupe-gorge! La guillotine fut rétablie avant-hier pour un Chouan, auteur de plusieurs massacres, que M. Duperrat avoit livré dans le temps de la pacification; on l'a tout de suite ôtée. Une femme a été condamnée à quatre heures d'exposition et deux ans de prison, pour avoir été prise munie d'un paquet de cartouches qu'elle portoit aux chouans. Il y a beaucoup de coupables de ce genre en prison. Pour avoir brodé des rubans blancs, une demoiselle d'Argentré a été condamnée à l'*exportation :* c'étoit la troisième fois qu'elle étoit prise. Elle se dit des d'Argentré de Bretagne. Je reviens aux questions militaires ; tu peux ajouter foi aux horreurs qu'a marquées Mme d'Hauterive dans le temps de son pillage; elles se sont renouvelées depuis, et même vis-à-vis des femmes de la ville qui alloient chercher du grain avec les soldats. Les femmes honnêtes ont discontinué d'y aller, mais les autres, et c'est le grand nombre, ne sont pas arrêtées. Les soldats ne sont plus ici; ceux que nous avons ne veulent personne de la ville avec eux; c'étoient ces fameux grenadiers vainqueurs de Quiberon. Je redoute bien l'armée des Pyrénées, c'est pour moi le prince d'Orange. Faut-il être si difficile à déplacer!....

LI

Dimanche 6 septembre 1795.

Mademoiselle Artémise Duchemin à son frère, à Chartres.

(Grains. — État des campagnes).

Pourquoi as-tu été quinze jours sans écrire? Tu recevras des reproches par M. la Charbonnerie [1]. Que cela ne rarive pas!.... Voici une lettre de change de 1600 livres. Les moindres bœufs de la Maisonneuve nous les ont fournies; ils ont été vendus 6650 livres... Les assignats n'ont presque plus cours dans nos campagnes, tous nos bœufs vont être vendus en argent.

[1] Emery-Jean Hardy de la Charbonnerie ou Cherbonnerie, ci-devant conseiller du Roi, lieutenant général et particulier du siège royal de Laval.

Gillot refuse 500 livres des siens et autant d'une jument; il vendra plus cher . . . .

. . . . . Les Chouans nous laissent venir du grain, mais point les mesurées entières, seulement par sommes pour qu'on n'en manque point. Leur politique est d'empêcher que Paris en tire de ce pays-ci. Il paroît décidé à présent que nous ne mourrons pas de faim, mais nous vivrons au jour le jour. L'anéantissement des assignats peut encore résulter de cette mesure. Le bled n'étant point entre les mains des administrations, il ne s'en vend que pour de l'argent, et de là le prix où il monte; l'artisan en achète, et va à la campagne chercher du grain.

François et Renaud furent au Pâtis avant-hier : on leur dit que, par économie, nos mesurées ne viendroient que tiers par tiers. Je leur ai fait recommander d'en amener avec eux chaque fois qu'ils viendront en ville. Tout cela est beau et bon tant qu'il n'y a pas de troupes; mais, s'il en vient, les grains seront enlevés par force. Le résultat de tes informations est, je le présumois, qu'il faut rester ici, armés de courage, l'œil ouvert sur les événements qui, suivant l'expérience des dernières années, nous prendront au dépourvu quoique nous fassions.

Les réfugiés dont je t'ai parlé sont les patriotes des campagnes, que la peur a fait venir en ville. On en compte ici 2 à 3000.... Je suis l'ordre de ta lettre, ce qui donne un style assez décousu à la mienne. Je te réponds donc au conseil de tout vendre dans nos campagnes, que cela n'est pas possible. Les métayers sont dans la plus grande sécurité; ils sont pour ainsi dire hors de la république, qu'ils haïssent; ils s'imaginent que leur sort ne peut pas changer ; d'ailleurs il faut toujours le nombre de bestiaux pour le labour. Et puis nos gens aiment, comme tu le sais, à mettre en hiver pour mieux vendre au *renouviau* ; cependant, vendant en argent, ils ne seront pas si tenants.... J'admire ta sensibilité aux coups de canon ; nous sommes si familiers aux combats que cela ne nous fait pas la moindre impression ; nous nous informons seulement du lieu et du résultat....

Je n'entends point l'expression *Dieu te doint*. Je demande à Marot ce que cela signifioit dans son temps. Du reste, je te remercie de ce souhait, car je vois bien que c'en est un. Cela m'a fait penser à mon goût pour les vers. *Pour entretenir la verve*, fais m'en donc quelquefois ; mais je veux que tous les mots soient à ma portée.

P. S. — Nous sommes ici bien en soucis pour nos mesurées. En aurons-nous, comment les aurons-nous ? cela est fort douteux. Le grain est, dit-on, taxé à 50 livres, le seigle à 55, le méteil à 60 . . . .

LII

10 septembre 1795.

Mademoiselle Artémise Duchemin à son frère, à Chartres.

(Combat de Bazougers).

Je t'écrivis avant-hier, mon bon ami, et te donnai la réponse à ton numéro trois. Nous ne pouvons donc nous décider à quitter encore notre pays. Il faudra que nous soyons fort malmenés pour nous y déterminer. Nous n'abandonnons point le projet. Il guérit les craintes que nous avons, et voilà comme notre imagination loge le mal et le remède. Il faut que l'amour de la patrie soit un charme bien puissant : il nous fait rester ici, malgré notre prévoyance et ce que nous souffrons présentement.... Il y eut dimanche dernier un combat fameux à Bazougers. Les Chouans ont eu la victoire. Les bleus, mal reçus dans tout le pays, au nombre de trois cents, vouloient s'établir en garnison dans le bourg. Ceux de Vaiges, Meslay, Soulgé, etc., eurent ordre de venir prêter main-forte, mais ils furent tous dissipés. Les Chouans mirent le feu dans l'église, qui devoit être le fort. De plus on dit qu'il y a quarante bleus tués et au moins le double de blessés. Le lendemain, le général Gency envoya une troupe à peu près pareille à celle qui avoit été battue, pour tirer vengeance ; les Chouans ne comptant pas là-dessus, étoient allés se reposer sur leurs lauriers. Les habitants du bourg prirent la fuite au son de la caisse et la place fut prise, les maisons pillées. Le guide qui les avoit menés dans le bourg, n'étant plus utile, tué avec un vieux domestique du curé, qui se trouva sur le passage. Mr et Mme Céboué, qui n'avoient pas jugé à propos de fuir, ont été complètement pillés. La femme est restée avec un habit qu'on lui a déchiré sur le corps, étant obligée de se mettre une mauvaise serviette au cou, son fichu ayant été jugé convenable pour faire une cravate. Les gens de la Barberie ont été traités de la même manière ; il n'y a eu que du bled pris au Bois-Émeri. Le feu a été mis dans les gerbes du Pont-Rond à M. Laporte-Méral. Le Pâtis n'a encore rien souffert. Gilles et M. Céboué sont venus aujourd'hui avec une plainte, ils ont tenu tête au général ; il a enfin offert à celui-ci de remporter quelques débris de son linge, qui étoit là dans son appartement...

LIII

22 septembre, 7 heures du matin, 1795.

Mademoiselle Artémise Duchemin à son frère, à Chartres.

(Nouvelles des Chouans. — Assignats. — Grains).

Voilà donc, mon pauvre ami, les 1600 livres déjà hors de ta portée ; les assignats sont bien légers.... Nos mesurées enfin nous viennent ; nous avons eu dix-sept charges au Pâtis, dont quarante boisseaux de froment, tout au boisseau de quarante-huit livres. Les Chouans prennent la dîme ; ils n'en ont pas encore parlé à Gillot, ainsi il a mis le monceau en deux; néanmoins cela fait une bonne mesurée . . . . Je reviens aux mesurées. Celle de la Maison-Neuve est faite; il y a quelques boisseaux moins de dix charges. Il nous en vint hier une charretée, une autre sera mise chez ma sœur lundi. Gillot nous amena aussi hier une charretée dans chacune de nos maisons. J'ai bien recommandé que le reste vînt le plus tôt possible, car si les Chouans débusquent le cantonnement, ils pourront démonter les charrettes et on dit ce moment prochain. Il a été question de mettre le feu au Bois-du-Pin, ou d'y mettre les troupes. J'espère que ni l'un ni l'autre de ces projets ne sera exécuté . . . . Les assignats n'ont bientôt plus cours ici ; tous les marchands ne veulent vendre qu'en argent, grain ou toute autre espèce de choses ; enfin les maîtres d'école, d'écriture, se font payer leurs mois en fil, savon, laine, bled. On ne veut vendre aussi du grain qu'en argent ou pour d'autres provisions ; aujourd'hui j'en vais donner pour huit livres de beurre, je ne sçais encore combien ; les estimations se font sur l'ancien pied. Chailland me fait mon étoffe aussi pour du grain. Nous avons grand besoin qu'il nous vienne tout. Mais ce qu'il faudra vendre au grenier public sera payé en assignats, 60 livres le froment et 50 livres le seigle ; ce prix n'est pas raisonnable en proportion des autres denrées. Mais le peuple souffriroit trop s'il étoit plus haut ou plutôt crieroit trop fort, car son travail est bien augmenté et la plupart, comme je te l'ai dit, se font payer en argent ou denrées. Ma sœur est toujours dans la misère ; ses fermiers lui disent que le décret n'est point venu officiellement. D'ailleurs, il est impossible de faire venir du bled d'Ernée, et même de le tirer des paroisses où est son bien.

LIV

Mercredi 30 septembre 1795.

Mademoiselle Artémise Duchemin à son frère, à Chartres.

(Certificat de résidence).

Tu es généreux, il faut en convenir. J'ai à répondre à ta lettre du 20 et à celle du 24. Je ne puis te donner qu'un instant, il faut que j'aille chez Mme Vaufleury, que je n'ai point encore vue, changer une bûche de chêne contre une de bouleau, dont je veux faire faire des sabots pour toute la maison. On les vend 60 livres, c'est un peu cher pour mes *mies*. Je payerai 3 livres de façon et nourirai un bonhomme qui m'en fera trois paires par jour. Je ne sçais pourquoi je te dis cela, tandis que je ne t'écris ce matin que pour te demander un certificat de résidence, le plus promptement possible. On nous a dit qu'il falloit tous en avoir pour qu'on nous délivre main levée sur les biens de mon oncle. Tu aurois bien dû penser à cela ; tu retarderas nos opérations. Papa a fait enregistrer ta procuration et l'a mise en son nom. Nous nous sommes faits afficher pour avoir un certificat de résidence.... Tâche donc qu'il ne manque aucune formalité à ton certificat et l'envoie vite....

12 octobre 1795.

Aujourd'hui commencent les assemblées électorales[1].

LV

Jeudi 29 octobre 1795.

Mademoiselle Artémise Duchemin à son frère, à Chartres.

(Bruits. — Danican).

Quatre lettres à répondre, peu de temps et de la

[1] Après avoir proclamé la Constitution de l'an III, la Convention décréta que les deux tiers des députés à élire seraient pris dans son sein et que les assemblées primaires nommeraient des électeurs à raison d'un sur deux cents citoyens inscrits et que ces électeurs, choisis parmi les assistants, nommeraient à leur tour les membres de la nouvelle Assemblée et toutes les autorités locales.

Les opérations électorales furent presque partout entravées dans les campagnes. « Les Chouans, écrit au ministre de l'intérieur le commissaire Dalibourg, ont fait afficher aux portes des églises et des municipalités la menace de mort contre ceux qui assisteroient aux assemblées, ou accepteroient des fonctions publiques. Les trois cinquièmes des communes n'ont point convoqué d'assemblée » (29 brumaire an IV, 15 novembre 1795).

De nouveau on écrit le 1er frimaire (22 novembre) : « Nous ne comptons plus qu'une seule administration municipale en activité, qui est celle de Mayenne. Partout on craint la vengeance » (*Arch. Nat.*, F [1 c] III, Mayenne 6 ; et F [1 b] II, Mayenne, 6).

mauvaise humeur, tel est le cas où je suis.... On me disoit que tu ferois très bien de suivre notre conseil, de ne pas rester à Chartres ; on me rapportoit des propos tenus au Département contre les étrangers de votre ville, qui y étoient allés, disoit-on, pour créer une Vendée ; la preuve, ajoute-t-on, est dans leur opinion connue. Vingt fois le bruit a couru que tous les jeunes gens étoient enfermés. Aujourd'hui que tous les mauvais sujets[1] de chez nous sont revenus, ces propos sont très dangereux. Vos administrations sont, je le crois bien, rassurantes ; mais il ne faut qu'une menée du parti remuant pour les faire changer . . . .
. . . . . Il y a eu des troubles à Étampes ; il passe ici des troupes de Bretagne pour aller de ce côté-là. Danican est à la tête d'une armée dans les forêts voisines de Paris. Quelques villes de ces environs, nommément Orléans et Chartres, sont soupçonnées de son parti. Voilà donc que Paris va devenir un foyer, les forces s'y rassemblent, les armées l'environnent ; tu n'en es qu'à dix-huit lieues et dans une ville qui a déjà fait des mouvements. Quand on a pris le parti de quitter son pays pour chercher la tranquillité, je crois qu'on ne doit se fixer nulle part, mais courir toujours après son objet. Tu me dis que tu ne vois rien à gagner à te rapprocher ainsi du foyer. Je te réponds à cela que notre foyer sera moins ardent que celui de Paris. Déjà la Convention dégarnit la Bretagne pour sa défense. Si son danger augmente, toutes nos troupes se porteront à son secours ; gare aux étincelles

[1] Les terroristes lavallois avaient été relâchés. La fin de cette même lettre apprend qu'on voulut les arrêter de nouveau et presque aussitôt.

pour vous ! Je crois qu'alors tu diras : pourquoi n'ai-je point été à Tours ?....

Ma sœur est enfin revenue. La prudence lui a fait prendre le chemin de Mayenne ; elle doit t'écrire ces jours. Elle a eu de l'argenterie et des effets de chez mon oncle. Ses fermiers lui ont fait bien des difficultés ; enfin ils lui donnent une partie en argent. L'écu de 6 livres vaut actuellement 420 livres au meilleur marché. Tout renchérit en numéraire depuis quelque temps ; je vois qu'excepté le fil ou la toile, tout est plus cher que jadis.

Annette est venue m'étourdir de sa joie pendant que je t'écrivois, pour me conter que cette nuit nos terroristes, nouvellement mis en liberté, avoient été repris. Le fait est qu'il n'y a que Faur[1] qui se soit laissé prendre : Bécher, Leroux, Garot, etc., sont en fuite. On

[1] Michel Faur, né vers 1758, à Lizière-d'Uston, district de Pamiers (Ariège), fut d'abord imprimeur à Paris, à Orléans, puis à Angers, ensuite à Laval (mai 1790) chez Dariot auquel il succéda bientôt ; en octobre 1793, officier municipal de Laval ; le 2 nivôse an II, membre de la commission militaire où il siégea jusqu'au renouvellement, qui en fut fait le 12 germinal suivant par le conventionnel François-Primaudière. Poursuivi et arrêté après le 9 thermidor, en raison de ces dernières fonctions, et aussi pour divers actes indélicats, il fut transféré avec plusieurs autres à Alençon, puis mis en liberté, repris une deuxième fois et élargi peu de temps après. A la suite de ces événements, il céda son imprimerie et quitta le pays.

Les terroristes arrêtés à diverses époques, et dont nous possédons les dossiers, sont :

1° René-François (*Brutus*) Bescher, ex-administrateur du Département.

2° Augustin (*Publicola*) Garot, ex-garde magasin, membre du comité révolutionnaire de Laval, ex-substitut de l'agent national de la commune de Laval, enfin accusateur public près la 2e commission militaire.

3° Gervais (*Fabricius*) Le Roux, graveur et fondeur à Laval, ex-

dit que le représentant qui avait pris sur lui de les relâcher à Alençon[1], est lui-même enfermé à Paris. L'on prétend avoir trouvé chez Bescher deux cents boisseaux de grain vieux et une grande quantité d'autres provisions; le peuple va crier dessus. On nomme dimanche la municipalité; on espère qu'elle sera bien composée. Les députés nommés ici sont: MM. Segrétain, Maupetit et Volney. Je ne me rappelle pas les

substitut de l'agent national de la commune, et membre du comité révolutionnaire de Laval.

4° François Mélouin, prêtre jureur, ex-administrateur du Département et membre du comité révolutionnaire de Laval.

5° Julien-Marie-Constant (*Marat*) Quantin, avocat, ex-maire d'Ernée, ex-administrateur du Département et membre du comité révolutionnaire de Laval.

6° Michel Faur (*Voir note précédente*).

7° René Pannard (*Même observation*).

8° Jean-François (*Brutus*) Marie Colinière.

9° Noël Chollet, chapelier à Laval, membre du comité révolutionnaire.

10° Jean-Ambroise Lemercier, marchand à Laval, membre du comité révolutionnaire.

11° François (*Paul-Emile*) Huchedé, président de la 2e commission militaire.

12° Louis-Zacharie (*Démocrite*) Tulot, prêtre jureur, ex-officier municipal de Laval et agent national près le district du même nom.

13° Pierre Boisard, fils, jeune, fabricant de siamoises à Laval, ex-officier municipal, puis administrateur du district de Laval.

14° Louis-Joseph-Daniel-David (*Marat*) Saint-Martin Duplessis de la Rigaudière, avocat, ex-agent national du district de Lassay.

15° Jean-Baptiste-Thomas-François (*Challier*) Julliot-Lerardière, notaire à Lignières-la-Doucelle, ex-administrateur du département de la Mayenne.

16° Jean-Baptiste Volcler, curé intrus, puis maire de Lassay, ex-accusateur public près la 1re commission militaire.

17° Jean Clément, notaire, ex-juge de paix d'Ernée, président de la 1re commission militaire.

18° Pierre-François Pottier, prêtre jureur et marié, ex-agent national près le district de Mayenne.

[1] Ces terroristes renfermés à Alençon sont ceux dont il est fait mention dans la note de la lettre 34.

réélus ; je crois que Serveau et Boissi d'Anglas en sont. Le Département est mêlé de trois bons ou passables et de deux vauriens. Les juges offrent un pareil mélange. Moulin est resté au tribunal criminel avec Baglin [1]; tout le monde paraît très content de cela ; le premier a acquis la réputation d'un très honnête homme. On désigne M. Dalibourg pour commissaire du pouvoir exécutif. Il est fort désiré dans cette place.

LVI

6 novembre 1795.

Mademoiselle Artémise Duchemin à son frère, à Chartres.

(Assemblées primaires).

Puisque ton repos, mon bon ami, est imperturbable, le nôtre sera moins agité. Tâche cependant de n'être point *entêté*, je tranche le mot, et de ne point trop mettre ton goût à la place de la prudence. Aye toujours devant les yeux que tu es notre propriété et que tu ne dois pas t'exposer imprudemment.

Depuis quelque temps papa nous mène, ma cousine Launai [2] et moi, aux foires. Nous prenons à cet effet nos

[1] Baguelin, accusateur public près le tribunal criminel, avait été remplacé, vers la fin de 1791, par François Midy, alors juge au tribunal du district de Craon.

[2] Mlle Delaunay-Fresnay.

bottes ou sabots, et nous affrontons les coups de pieds et de cornes ; nous faisons les entendues, nous tournons autour d'une paire de bœufs et entamons conversation avec les marchands.

Tout se vend absolument en numéraire et à un plus haut prix que dans l'ancien régime ; cette augmentation n'est venue que depuis que tout le monde vend en argent et que l'on ne s'en craint plus. . . . . Nous vendons notre grain actuellement 4 livres le froment, 3 livres le seigle, 2 livres 10ˢ l'orge.

Les assemblées primaires s'ouvrirent le jour de la Toussaint ; il n'y a que le maire ou président d'élu. Le choix est tombé sur M. Moreau la Noë, fils. Au second tour de scrutin, il avoit pour concurrent Besier[1] du Pont-de-Maine, terroriste connu. Tout le monde épouvanté courut aux sections, et enfin Besier a succombé. Ma sœur avoit ce jour-là son retour de noce ; je fus au dessert sonner l'alarme et j'envoyai tous ces Messieurs porter leurs billets. Jamais assemblée primaire ne nous a tant occupés. Les terroristes ont une forte cabale ; mais la nôtre, je le vois, l'emportera. Nous sommes plus honnêtes que vous : nous ne les mettons point dehors, mais nous l'emportons par la supériorité de notre génie, par les soins et mouvements que nous nous donnons. Je t'assure que toutes les paroles que nous avons dites, nous autres petites personnes, n'ont pas fait un mauvais effet.

[1] Michel Bezier, né à Laval, en 1770, termina ses études en 1790, et fut employé dans les bureaux de la recette du district de Laval. Ami d'Esnue-Lavallée, il fut nommé par lui et par Thirion, représentant du peuple, greffier du tribunal criminel de Laval, au mois de septembre 1793, et maintenu dans cette charge jusqu'au 9 octobre 1794.

7 novembre.

Le dernier tour de scrutin a donné MM. Lavarenne, Laporte-Méral, Levêque, Hayer, du Pont-de-Maine, Roche et Besier ; tous, excepté ce dernier, ont donné leur démission ; ils ne veulent point de Besier avec eux : il faudra recommencer demain....

Je voulus acheter hier 50 livres de sel pour 400 livres, je ne pus trouver qui voulut me les vendre. J'ai marchandé un sac de charbon par la fenêtre, on me l'a fait 4 livres 10 sous et rien en assignats....

LVII

Samedi 21 novembre 1795.

Mademoiselle Artémise Duchemin à son frère, à Chartres.

(Chouans).

. . . . . Tu as bien fait de ne point suivre ton idée de nous envoyer des montres et autres objets.... Elles sont ici très communes : lorsque les soldats reviennent de quelque pillage, ils en vendent de tous les côtés. Il y a trois jours que nous en avions un ; je lui en ai vu vendre deux.... Depuis quelque temps nous sommes assez tranquilles. On entend à peu près tous les jours des fusillades, mais elles ne sont pas aux portes de la ville, et peut-être le devons-nous à l'habitude, nous avons moins de frayeur. Ces derniers jours, tous les esprits étoient occupés de l'arrivée d'un convoi de bled assez considérable. Il est venu très paisiblement hier soir de Meslay ici ; il y avoit un obusier et des canons à l'escorter, et, en outre, toute notre garnison, sans excepter un seul volontaire, et celles des villes voisines. Pendant ce temps, les Chouans et un détachement de républicains se tirailloient à Avénières, d'un bord de la rivière à l'autre. On entendoit de sur le Gast les cris de : *Vive le Roi !* et *vive la République !* Il m'a paru que ce petit divertissement avoit causé quelque alarme, mais je me suis trouvée au-dessus de l'événement ; je m'en suis su bon gré lorsqu'il s'est trouvé que bien des personnes l'ont même ignoré. Il y a eu des affaires plus sérieuses du côté de Fougères. Les Chouans ont mis le feu à une ou plusieurs églises, dans lesquelles sept cents soldats s'étoient retranchés ; on dit qu'il n'en est point échappé ; tous les jours cette nouvelle se confirme : le nombre, je le crois, peut être exagéré....

LVIII

24 février 1796.

Mademoiselle Artémise Duchemin à son frère, à Chartres.

(État de siège. — Taxe pour fortifier la ville. — Sous-Cloche).

. . . . . Notre ville est en état de siège, pour compléter les fortifications, qui consistent tout bonnement en des portes comme celles des maisons. Le général lève une taxe sur les absents de la ville, tant sur les Chouans que sur les autres, comme toi par exemple, M. Dh., son frère, les Ch. Joson[1], etc. Cette taxe est de quatre louis. Papa s'est présenté pour payer; on lui a dit qu'on ne croyoit pas qu'il y fût, cependant le général[2] et son adjudant le lui avoient dit. La pré-

[1] Charles et Joseph Piquois.

[2] Le procureur général du Directoire écrit au comité de sûreté générale le 11 brumaire an IV (2 novembre 1795) : « Si des troupes et un général aussi bien intentionné, aussi actif et aussi ami de la chose publique que le général la Barollière, dont le décret du 3 brumaire (25 octobre) vient de nous priver, ne nous sont envoyés sous peu de temps, ce département est dans le plus grand danger ».

Il faut croire que le général la Barollière fut maintenu à Laval, car l'état des fonctionnaires du 1er pluviose an IV (21 janvier 1796) donne la liste suivante d'officiers :

État-major de la place

La Barollière, général de division.
Ployer, adjudant-général.
Montrol, adjudant aux adjudants-généraux.
Boubré, commandant de place.
Jarry, adjudant de place.
Boudet, commandant de la force armée du ci-devant district.
Jamet, commissaire de guerre.
Tonnelier, commissaire de guerre.
Guesdon, payeur général.

État-major de la garde nationale

Destais, chef de bataillon.

Gendarmerie

Desmazières, capitaine-commandant.
Dauvernay, lieutenant.
Lachesnaye, secrétaire.

Conseil militaire

Ricou, chef de bataillon, président.
Testevuide, capitaine, juge.
Chevalier, sous-lieutenant, juge.
Brun, sergent-major, juge.
Langlois, sergent-major, juge.
Boyer, capitaine, accusateur militaire.
Champagnol, capitaine, accusateur militaire.
Gervais, greffier (*Arch. Nat.*, F [1c] III, Mayenne, 7).

Jacques-Marguerite, baron de la Barollière, était né à Lunéville en

caution nous manqua à l'emprunt forcé ; nous attendîmes trop pour acheter des assignats ; eh bien ! par ordre du général, on met en prison tous ceux qui refusent les *sous-cloches*[1]. Papa en a pris 6 livres pour payer sa taxe. On ne veut recevoir que le quarantième de cette monnaie ! ! !

Tout augmente d'un quart ; pour les sous-cloches, c'est là le taux où on les reçoit : l'opinion seule l'a fixé. Dans les paiements à la nation, ils vont au pair.... On vient de me faire descendre pour recevoir deux paniers de poisson de la Maison-Neuve ; l'étang fut mis hier bas par messieurs les Chouans ; le métayer a réclamé ce qu'il a pu pour le fermier et nous. L'état-major du canton fait maigre et vide ainsi tous les étangs.

Ces messieurs commencent à prendre ainsi tout ce qui leur fait plaisir : bois, bestiaux, etc., nous ne pouvons manquer d'être ruinés. Ils ne nous ont pas encore pris de bestiaux, mais cela viendra quand ils auront établi une boucherie, comme ils en ont le projet. Le pays finira par être ruiné, sans que pour cela la guerre finisse ; ils font payer les taux aux paysans en argent,

1746 ; il avait le grade de colonel et était chevalier de Saint-Louis avant la Révolution. Après avoir mérité d'être fait général de division à l'armée de l'Est, il fut envoyé contre les Vendéens qu'il combattit quelquefois avec succès. Mais ayant éprouvé un grave échec à Martigné-Briand, au mois de juillet 1793, il se vit destitué, emprisonné et ne dut, comme tant d'autres, son salut qu'à la chute de Robespierre. C'est alors qu'il vint combattre la Chouannerie. Au mois de mai 1796, il écrit à Tercier de venir le trouver à Laval pour traiter avec lui des conditions de la pacification. Il le reçut « avec beaucoup d'égards et d'honnêteté, dit celui-ci, et accepta ses conditions sans trop de contestations ». Le général de la Barollière est mort à Nîmes le 1er décembre 1827.

[1] Pièces de 1 et 2 sols, frappées en 1792 et 1793 avec du métal provenant des cloches.

et nous, nous payons les deux cotes à la république. Laissons cela, car j'en prends de l'humeur.... J'en suis au *Deutéronome*.... Adieu.

LIX

La lettre qui suit, fût-elle seule, aurait motivé la publication du volume tout entier. Après l'avoir lue, on voudra la relire pour mieux suivre les péripéties de ce drame, que la précipitation des tribunaux révolutionnaires a si bien su renfermer dans la limite des trois unités classiques. L'ensemble de la correspondance peut laisser dans l'esprit une impression douteuse, si l'on ne tient pas compte suffisamment des circonstances et des raisons qui motivaient toutes les réticences. Mais ici le sentiment éclate et fait taire toute autre considération. La plume qui a écrit couramment et courageusement ces pages, suivait la dictée du cœur. C'est par cette lettre qu'il faut comprendre toutes les autres; c'est là aussi ce que pensait la plus grande et la plus saine partie des habitants, mais ce qu'on avait la prudence de taire, quand le devoir absolu n'exigeait pas une profession de foi ou une manifestation de sentiments exempte de toutes réserves. Celle qui a écrit cette lettre d'une main ferme avait conscience qu'elle rédigeait les actes d'un martyr. M. Boullier en a donné un extrait dans ses *Mémoires sur la Révolution*. Mais la modestie de sa tante ne lui permit pas de révéler ni son nom ni la part principale qu'elle avait eue dans les tentatives faites pour sauver la vie de M. de Savignac [1]. Dans ces conditions, le récit tronqué et anonyme perd grandement de son intérêt.

M. le curé de Vaiges était l'ami intime de la famille Duchemin. La maison de Villiers était l'un de ses asiles ordinaires. Il y fit des baptêmes et des mariages.

11 mai 1796.

Mademoiselle Artémise Duchemin à son frère.

M. le curé de Vaiges est mort, mon cher ami; tu vas frémir au récit des circonstances de son martyre. Je

[1] M. Martial de Savignac s'était échappé du couvent des Cordeliers, et était retourné dans sa paroisse, où il resta soigneusement caché. Deux

t'avois annoncé son arrivée dans nos prisons ; il fut arrêté le 29 avril auprès du bourg de Bazougers. On le prit au moment qu'il commençoit son bréviaire ; il avoit toujours demandé à Dieu de n'être pris chez personne : il étoit dans un pré. On le conduisit à Meslay où étoit le gros de la troupe ; il y fut interrogé ; ses réponses sont celles d'un serviteur de Dieu. Il passa là deux nuits, la première dans une maison particulière et la seconde dans un toit à porcs. Enfin on l'amena à Laval le premier mai vers midy. Je fus chez Julie dire qu'elle le servit. Je lui écrivis pour l'assurer qu'il n'étoit point ici au milieu d'étrangers, et lui rendre compte des démarches déjà commencées pour connoître son affaire et prendre les moyens pour le sauver. L'instant d'après on le mit au cachot et au secret. Tous les honnêtes gens étoient pénétrés de chagrin et disposés à tout employer pour le sauver. Dans la crainte que les expédients employés par diverses personnes ne se fissent tort les

ou trois personnes seulement connaissaient sa retraite et l'avertissaient quand il y avait des malades à administrer. Alors il se rendait la nuit chez eux. Il était si cher à ses paroissiens, que ceux à qui il rendait service s'abstenaient même du désir de connaître sa retraite ; ils s'inquiétaient de ses besoins et lui faisaient remettre ce qu'ils pensaient qu'il pouvait désirer, sans oser témoigner le désir de le voir.

Il eut connaissance de l'affaire de Quiberon ; il savait que deux de ses frères en faisaient partie, il voulut aller à leur rencontre. Il paraît qu'on lui avait écrit. Il trouva au rendez-vous MM. le chevalier de Tercier et de Quéfontaine échappés du massacre, qui lui apprirent la mort de ses deux frères. Ces messieurs restèrent dans le pays, réorganisèrent les Chouans ; ils prièrent M. le Curé, quelque temps après, de se montrer de temps en temps, de confesser et dire la messe, pour maintenir leurs soldats dans les pratiques religieuses. Il y consentit, et une fois qu'il eut paru, il n'y avait plus de sûreté pour lui dans ses anciennes cachettes. Les républicains faisaient des fouilles dans tous les lieux où les Chouans avaient passé ; ce fut alors qu'il sauva la vie à plusieurs prisonniers.

uns les autres, je fis en sorte de rendre notre maison le centre où se communiqueraient toutes les réflexions et se prendraient les déterminations. Je m'adressai à M. de L. g. n. r.[1]; il se mit l'âme de toute l'intrigue ; je n'ai pas fait un pas sans son avis. Il avait un homme à lui chez le général, qui lui découvrait toutes les voies secrètes que l'on prenait pour perdre notre digne pasteur. Nous sûmes que le général voulait sa mort ; plusieurs personnes lui parlèrent ; il s'en expliqua clairement. Il décida qu'il nommerait une commission militaire pour le juger. Le rapporteur était connu et entouré. Mes billets et ceux du prisonnier pénétraient les portes du cachot. Nous connûmes le nom du commandant qui nommerait la commission ; nous connûmes aussi ses amis. Nous eûmes des indices sur l'opinion des militaires éligibles. J'engageai le prisonnier à prendre M. Fermont[2] pour défenseur ; un prisonnier qui devint sur le champ son ami, me pria d'y joindre M. Hubert père. Papa fut chez le premier : je m'attachai au second. Ils ont l'un et l'autre employé les ressources de leur esprit. Le général, qui savait que toute la ville prenait part pour ou contre cette affaire, de son côté ne négligeait rien pour atteindre son but. Il fit nommer la commission devant lui et à sa dévotion autant qu'il put. Un quart d'heure après on m'apporta la liste des dix-huit juges, avec une note de ceux qu'il fallait récuser, l'accusé ayant le droit d'en récuser la moitié. Tout ceci

[1] M. Martin de Ligonnière.

[2] Jean-François Deformon, avocat, frère d'un député d'Ille-et-Vilaine (Dol) à la Convention, avait été détenu à Laval comme fédéraliste. Devint secrétaire-général le 6 floréal an XII, après avoir été préfet dans un autre département. Il fut baron de l'Empire et chevalier de la Légion d'honneur.

se passa samedy à une heure. Le jugement devoit commencer à deux ; je courus chez les défenseurs. M. Fermont avoit vu la veille et le matin l'accusé ; le rapporteur lui avoit communiqué les pièces. Il me montra le canevas de son plaidoyer qu'il n'avoit pas eu le temps d'écrire en entier. Je le priai d'aller vite en prison apprendre au curé les noms qu'il falloit exclure et je revins à la maison attendre l'issue.

Notre état étoit pareil à celui de parents qui quittent la chambre d'un malade à l'agonie et qui, au moindre bruit, croient entendre le dernier soupir du moribond. Plusieurs de nos parents et amis vinrent avec nous ; notre cruelle perplexité dura jusqu'à huit heures et demie, qu'on vint nous dire que M. de Savignac étoit condamné à 15 ans de fers. Jamais chaines n'ont excité tant de joie, jamais jugement n'avoit été aussi éclatant. Le peuple couvroit la place et remplissoit le palais. Les juges récusés murmuroient sur la douceur de la sentence ; le peuple pensa écraser M. le Curé pendant qu'on le reconduisoit au château. Tout cela nous fut alors indifférent, même le dépit du général et de certains adjudants qui, dit-on, se mirent au lit sans souper.

On vint m'éveiller à dix heures le dimanche, pour me dire que le général vouloit faire casser le jugement. Je courus aux informations. J'appris qu'il y avoit une loi qui ordonnoit que tous les jugements des commissions militaires devoient être révisés dans les vingt-quatre heures par un conseil supérieur, pour s'assurer qu'il n'y avoit pas de nullités dans la procédure. Tout le monde pressentit ce qui alloit arriver ; l'important étoit de connoitre les reviseurs et de courir après : ils furent atteints. Deux donnèrent leur parole d'honneur que la sentence seroit confirmée. Nous attendîmes le résultat avec une espèce de confiance. Le bruit se répandit que le jugement avoit été trouvé bon; tout le monde le répétoit. Je courus encore pour m'en assurer; je ne pus attraper les reviseurs. A neuf heures Ch. m'envoya dire que le jugement étoit cassé ! Les reviseurs rentrèrent ivres à leur logement. Ce fut pour nous un coup de foudre. Papa courut de son côté, moi du mien; j'écrivis aux défenseurs, qui étoient consternés; j'écrivis jusqu'à minuit à différentes personnes, entre autres à M. le Curé qui, sur-le-champ, fit son testament. Tous les moyens étoient détruits; le général s'enveloppa du plus grand secret, il nomma la commission pendant qu'on donnoit les ordres aux gendarmes de conduire l'accusé au palais. J'eus encore la liste, mais je n'eus pas le temps de la donner au défenseur; d'ailleurs le choix étoit à peu près indifférent. Le rapporteur imposoit silence aux défenseurs; on crioit sur la place la mort du tyran. A cinq heures on vint nous annoncer que la peine de mort étoit prononcée. On disoit dans la rue : le scélérat n'a pas bronché quand on lui a lu sa sentence.

M. le Curé rentra au château et aborda en souriant les autres prisonniers; il demanda à une Demoiselle[1] qui a ses entrées libres, si elle croyoit qu'on lui accordât un de ses confrères qui sont détenus dans une maison particulière; il lui avoit fait la même demande le matin. La Demoiselle fut chez le général, obtint la permission de faire conduire un prêtre dans le cachot de M. le Curé et celle d'y rester elle-même toute la nuit. Jamais con-

[1] Mlle Loyand, bien connue par l'héroïque charité qu'elle exerça à l'égard des prisonniers pendant toute la Révolution.

damné n'avoit eu pareille consolation[1]; la Demoiselle porta des livres, un cierge et de l'eau bénite dans le cachot. M. le Curé soupa avec elle ; ils prièrent Dieu, s'entretinrent de la mort. Il lui expliqua les volontés qu'il avoit déjà écrites, lui dit de me donner tous ses papiers. Il lui parla avec tendresse de ses paroissiens, plaignit le chagrin que j'aurois de sa mort. A sept heures du matin, il écrivit une lettre fort belle à ses paroissiens[2] et envoya savoir l'heure à laquelle on viendroit le chercher. Il étoit 11 heures et demie ; il m'écrivit alors et aux Demoiselles chez qui il fut pris ; il mangea ensuite une soupe de café et se remit en prières ; il témoigna de la satisfaction quand Mlle Loyand lui dit que nous lui faisions faire un cercueil et que je préparois son suaire. A 11 heures, il dit les prières des agonisants, les actes avant la mort. On le vint chercher. Mlle Loyand lui demanda sa bénédiction ; il la lui donna ; lui dit adieu le sourire sur les lèvres. Il marcha au supplice les mains jointes, la tête nue et priant Dieu. Arrivé sur le Gast, il se mit à genoux ; on lui demanda s'il vouloit être bandé ; il dit qu'on fît ce qu'on voudrait : on le banda. Il leva les mains au ciel, les rejoignit et tomba au premier coup[3]. Le zèle de ses amis et la rage

[1] Mlle Loyand obtint la permission de conduire un prêtre dans le cachot. Elle porta tout ce qu'il fallait pour célébrer la sainte messe. Vers onze heures, le général l'envoya chercher ; il lui dit : « Reconduisez le prêtre à la maison de détention sur-le-champ, je ne sais pas comment je vous ai permis de le conduire dans le cachot, me voilà fort compromis ! !... » Mlle Loyand obéit... Le général lui permit de rester avec M. le Curé jusqu'à son dernier moment.

[2] On peut lire dans les *Mémoires* de M. Boullier, p. 264, la lettre que M. de Savignac écrivit à ses paroissiens, le 10 mai, et que l'on peut regarder comme le testament d'un martyr.

[3] Dans une lettre adressée à M. Boullier, M. l'abbé Leveau ajoute

de ses ennemis n'ont pas été éteints avec sa vie; son corps fut insulté pendant le transport au cimetière! mais alors on l'enferma dans la chapelle. Il a été enseveli avec respect; tout le soir et la nuit il y a eu des fidèles sur son tombeau; deux croix y ont été plantées. La terre imbibée de son sang a été recueillie; j'ai un linge teint de son sang et une boucle de ses cheveux. Les fossoyeurs mènent des fidèles dans la chapelle pour essuyer le brancard et le pavé avec des mouchoirs. Je lui avois fait demander le matin qu'il me donnât de ses cheveux, il répondit qu'il n'avoit pas assez souffert; il m'envoya seulement son petit portefeuille qui lui servoit de bourse pour porter les sacrements. Je me suis pourtant procuré ce que son humilité me refusoit. J'ai fait part des corporaux et purificatoires à mon confesseur et au gendarme; ils s'en serviront les jours de grande fête.

Sa mémoire est profondément gravée dans mon cœur; je l'ai suivi pas à pas dans toutes ses agonies; nous avons disputé son sang goutte à goutte, la terreur et la force nous l'ont arraché. Il est plus heureux que nous. Dieu soit béni....

Nous ne pouvons être compromises, ni papa, dans

les détails suivants sur la mort de M. de Savignac. « J'étais caché chez M. Leclerc de Beaulieu, rue des Mathurins, lorsqu'il fut fusillé sur la place du Gast, vers les 11 heures du matin. J'entendis la troupe le conduire vers cette heure à petit bruit sur la dite place, sans tambour ni trompette, de peur que les Chouans ne vinssent le délivrer. Nous fûmes d'autant plus surpris qu'on le fit mourir à cette heure, que l'on avait fait courir le bruit en ville, la veille, qu'il ne serait fusillé qu'à deux heures après-midi. Mais nous sûmes depuis qu'on n'avait changé l'heure que par crainte des Chouans qui devenaient redoutables ».

toute cette affaire; je n'ai pas parlé à un seul bleu. D'ailleurs nous avons fait notre devoir[1]....

Je te prie de garder ma lettre. Je n'aurois pas la patience de la copier et il sera peut-être utile un jour d'avoir des détails aussi exacts de la mort de notre cher curé. Nous écrivons à Limoges pour y déterrer quelque Savignac[2]. Le chevalier ne doit pas être mort.

[1] *Acte de décès de M. de Savignac*

Aujourd'hui 21 floréal, l'an quatrième de la République française.

Nous, Jean-Baptiste-Louis-Julien Levesque, officier public de la commune de Laval, en vertu de la déclaration à nous faite par le citoyen Nicolas Hayer, notaire public, et *Jacques Duchemin Villiers* de cette commune, nous avons dressé l'acte de décès de Martial de Savignac, né à la maison de Vieux, commune de la Jonchère, département de la Haute-Vienne, âgé de trente-sept ans, ci-devant curé de la commune de Vaiges, de ce département, décédé aujourd'hui à midi, dans cette commune.

Lequel acte a été rédigé en présence des susdits citoyens, qui ont signé avec nous.

Fait et arrêté lesdits jour et an que dessus.

Le registre est signé : Hayer, Duchemin Villiers et Lévesque.

[2] M. de Savignac, petit-neveu de M. Martial de Savignac, prépare une notice biographique sur son oncle. Puisse ce travail ne pas être exclusivement réservé à la famille.

LX

28 mai 1796.

Mademoiselle Artémise Duchemin à son frère, à Chartres.

(Désarmement).

Je trouve ton herbier charmant, mais un peu bref. J'y ai reconnu avec plaisir la petite fleur bleue de notre verger. J'en étois fleurie au moment où je rompois dextrement les quatre cachets. J'avois aussi de la buglose ; je trouve que le bleu de celle-ci s'est bien mieux conservé que celui de la germandrée bâtarde.... Je crois enfin que le moment approche où je pourrai t'aider à faire un herbier volumineux. Tous les chefs de Chouans rentrent. M. de Tercei ou de Querci [1], géné-

[1] Charles-Auguste de Tercier, né à Amiens, entra au service en 1771, servit sous le marquis de Bouillé, se trouva à sept combats sur mer avec le comte de Grasse, émigra en 1791, servit dans l'armée de Condé, fut fait prisonnier à Quiberon, s'évada de Vannes et se rendit auprès de M. de Scépeaux, qui l'envoya dans le Maine ; durant la paix, il fut arrêté et mis au Temple ; rendu à la liberté, il rejoignit l'armée royale du Maine en 1799, et M. de Bourmont lui donna le commandement d'une brigade. Pendant le procès de Georges, il fut de nouveau mis en prison, où il resta onze mois. Il est mort à Amiens en 1815 (Duchemin des Cepeaux, *Lettres sur l'origine de la Chouannerie*. Tome II. Note de la page 307). *Les Mémoires politiques et militaires du général Tercier*, par M. C. de la Chanonie. Paris, Plon, 1891, 1 vol. in-8. Ils sont fort intéressants pour notre histoire locale.

ral de division de Vaiges et environs est venu cette nuit avec plusieurs autres. Les soldats ne sont point obligés de se montrer ; les chefs déclarent le nombre d'armes et les font remettre au général républicain. M. de Valois, qui était aussi chef de division, s'est rendu le premier dans notre ville, et a fait apporter les armes de Nuillé, l'Huisserie, Montigné, etc., de son arrondissement. Celles de nos cantons seront sûrement apportées ces jours. Le désarmement fini, sans doute les troupes se retireront. Nous nous livrons à l'espoir d'être plus tranquilles [1]. Tu reviendras, mon ami, mais ne précipitons rien ; l'imagination va toujours plus vite que les actions ; je meuble déjà dans mon cerveau notre pauvre maison de Villiers. J'y transporte la faïence du Bois-du-Pin et nos matelas de ville. On dit que la Vendée est d'une tranquillité parfaite ; elle doit être bien morne : voilà comme sera la nôtre. Nous ne ferons pas une promenade sans passer auprès de quelque tombe ; c'est du moins plus paisible que les coups de fusil. Je voudrois toucher à ce moment et je le crains. Nous commencerons par la Maisonneuve. Si cela continue, j'irai voir semer le *carabin*.

Nous ne sommes pas aussi poltrons que tu le penses.

[1] Après plusieurs défaites à Auvernay, Ancenis et Saint-Sulpice, M. de Scépeaux, qui commandait les forces royalistes dans l'Anjou et dans une partie de notre département, fit sa soumission le 22 avril 1796, et le 14 mai publia la pacification de son armée. La plus grande partie de ses divisionnaires mirent bas les armes avec lui. Les chefs royalistes de la Mayenne, et surtout ceux de l'ancienne division de Jambe-d'argent qui dépendait de M. de Scépeaux, se virent obligés tour à tour d'accéder à ce traité de paix. Du reste, cette soumission avait été préparée dans les esprits par les proclamations modérées des généraux Hoche et La Barollière, ainsi que par les dispositions plus conciliantes du Directoire du département. Il s'ensuivit un calme relatif qui dura quelque temps.

Je suis allée deux fois cette semaine à Rouessé. Une demi douzaine de femmes et autant d'hommes ne craignent rien à une demi lieue de la ville, lorsqu'on ne se trouve pas sur le passage des détachements. M. Martin de Ligonnière est notre Mentor. Hier, un peu moins raisonnablement, je m'aventurai avec ma cousine L. et Mme Malfilâtre, dans les petits chemins de la Saucinière; enfin nous revînmes par la Croullière sans le moindre dommage. Récemment il a été fait défense aux bleus de passer les portes. Nous allions en sûreté; nous trouvâmes sur le bord d'un ruisseau un désarmé qui nous accosta; il ne sçait que penser de ce qui se fait et nous ne sûmes que lui dire, comme tu t'imagines bien.

LXI

Dimanche, *je crois*, 4 juin 1796.

Mademoiselle Artémise Duchemin à son frère, à Chartres.

(Pacification. — Les Chouans).

Réellement tout se pacifie. Mets dans tes arrangements ton retour ici cet été. Voilà le plus beau projet que les circonstances me fassent faire; il n'y a qu'incertitude sur tous les événements présents. La rentrée des Chouans met tout le monde sans parler et eux aussi bien que leurs ennemis ; la lassitude donne de la gaîté à leurs plus grands partisans. Je vois que les paysans sont, en général, comme un homme qu'on décharge d'un fardeau qu'il s'attendoit de porter plus longtemps. Il y a eu des capitaines qui vouloient faire les mutins. MM. de Terci et de Valois ont couru des risques en retournant parmi eux, mais enfin toutes les armes se rendent. Les *gars* sont tout étourdis de ne se voir qu'un bâton à la main ; les métayers, autrement *les bonshommes*, se sont joints aux chefs pour engager les gars à suivre le torrent. M. Th. vint hier ; il me dit que si la compagnie de sa paroisse ne s'étoit pas rendue, il nous auroit amené sa femme. Les généraux bleus étoient résolus à tout employer contre les compagnies mutines, tout étoit ruiné [1].

Tu vas conclure que les Chouans sont plutôt réduits que ramenés ; je ne sçais comment t'expliquer cela ; leur nombre n'est point diminué (j'entends au moment où ils ont résolu de se rendre), leurs moyens étoient les mêmes quant aux munitions ; mais l'indiscipline, la corruption de leurs mœurs, l'insouciance des particuliers pour le but général, l'envie de s'enrichir et le plaisir de ne rien faire, avec tout cela les vices d'orga-

[1] La proclamation du vicomte de Scépeaux, général en chef, invitant au désarmement, datée du 15 mai, fut adressée avec une lettre aux diverses divisions qui étaient sous ses ordres. Deux jours après sa réception, le comte de Bourmont, major-général, le chevalier de Tercier et Gaullier, chefs de division, Maclet, major de la division de M. de Valois, et quelques autres chefs, se réunirent au château de Martigné, en la commune de Saint-Denis-d'Anjou. Devant l'impossibilité de continuer seuls la lutte, ils se décidèrent à poser les armes. M. de Tercier avoue que ses hommes ne se rendirent qu'à regret, mais il ne fut point exposé à un mauvais parti. Il fut même chargé de venir à Laval traiter avec les autorités et il se loue des administrateurs, et de la population qui lui fut très sympathique.

nisation impossibles à réformer, ont fait voir aux chefs que le plus sage étoit de dissoudre un parti si mal formé ; ils ont préféré, à l'orgueil de périr plutôt que de céder, le bien réel de sauver la vie à plusieurs milliers d'hommes. Je ne sçais si je fais une apologie ou une satire, mais voilà ce qui est réel. Chacun fait des conjectures de toutes les couleurs, mais je vois que les gens raisonnables s'en tiennent à ce que je viens de t'en dire. Les troupes sortent des environs de Segré et de tout ce qu'occupoit M. de Scépeaux ; il en passe beaucoup ici. Il paroit qu'on est assez en peine qu'en faire ; j'imagine que cela se résoudra et que notre pays en sera bientôt vide aussi. On dit que du côté de Fougères on se bat encore, je crois que cela ne durera pas ; ce seroit impossible, toutes les forces tomberoient dans le même endroit.

Papa vient d'arriver tout glorieux de la Maisonneuve. Je veux y faire un tour cette semaine pour m'essayer à aller plus loin. En attendant, nous faisons des promenades. Je peste mon content de ne pas t'avoir, car souvent nous manquons de conducteurs ; aujourd'hui, par exemple, nous voulons aller à Barbé. M. Boullier est une faible couverture ; papa, par pitié ou envie de courir, va nous renforcer.

LXII

Laval, 8 septembre 1798.[1]

Madame Boullier à Monsieur Duchemin de Villiers, son frère.

(Colonne mobile).

. . . . La colonne mobile va toujours son train et met son monde sur les dents ; il y en a trois. M. Le Balleur s'en est revenu crachant le sang, MM. Boulevraye[2] et Duchemin-Poulet sont au lit ; les courses sont plus fréquentes de jour en jour et plus longues, elles durent trois et quatre jours. Chandelier[3] a été pris chez une ouvrière de la rue de Chapelle, avec un de ses camarades et un petit tailleur d'ici : s'ils attrapoient ainsi ceux de la campagne, cela ne seroit pas long . . . .

[1] Cette lacune de mai 1796 à septembre 1798 s'explique par le retour à Laval de M. Duchemin de Villiers. Il était reparti aux nouveaux troubles et Mlle Duchemin l'accompagna jusqu'à Paris.

[2] Emmanuel-Michel-René Boullevraye, médecin à Laval.

[3] Nicolas-Philibert Lechandelier de Pierreville, né à Bankot, près Rouen, le 20 août 1771, d'une famille anglaise d'origine et primitivement nommée *Chandler* (Sur toute la carrière de Lechandelier, compagnon du chef de chouans Jambe-d'argent, voir tome II des lettres de Duchemin des Cepeaux, *passim*).

LXIII

Samedi 8.

Monsieur Duchemin au citoyen Duchemin Villiers grande maison Despagne, rue du Colombier, faubourg Saint-Germain, à Paris.

(Arrestation. — Colonne mobile).

. . . . Le jour de la décade on a arresté trois individus dont un est Chandelier, un de Château-Gontier, l'autre je ne sais pas trop d'où il est. Ils ont été pris chez une nommée Briet, couturière dans le haut de la Grande Rue, dans une ruelle qui joint la maison Labrosse[1]. Depuis l'affaire de Courbusson, la colonne mobile a été trois jours en marche et mouillée jusqu'aux os. M. Leballeur, excédé de fatigue, s'en revint bien mouillé et crachant le sang. Ils n'ont rien vu ni pris . .

[1] Le 19 brumaire an VII, Bouvet, commissaire de l'administration départementale, écrit dans son rapport au ministre :

« Plusieurs brigands qui désolaient notre malheureux département ont été détruits ou arrêtés. Parmi les premiers sont : Fleur-d'Épine, Sans-Pareil, Beysser, Brin-d'Amour, La Marche, Lapin, Bourni, tous chouans non rendus, pris les armes à la main et tués en voulant se défendre.

« Au nombre de ceux qui ont été arrêtés sont : Chandelier, Lainé, Lefevre, une couturière de Laval nommée Brillet, chez laquelle ces trois scélérats ont été trouvés, et Cadet Morlaise ; ces cinq derniers sont dans la prison du Temple à Paris, avec les quatre filles Bodinier, Moulin et sa sœur, de Laval.

« Le nommé Painchaud, compagnon de crimes de Fleur-d'Épine

Tu feras tes réflexions pour la colonne mobile, je ne vois guère de moyens de t'en débarrasser, je crois qu'on va l'augmenter. On dit que la conscription n'aura point lieu dans notre département, mais que ceux qu'elle regardait, et ceux qui étoient de la réquisition qui n'auroient point parti, seroient en place dans la colonne mobile. Un nommé Defay, cordier, de la rue de Beauvais, a refusé de faire le service ; il a eu trois jours de prison et a été amené sur la Chiffolière, la colonne assemblée, et a été déclaré inhabile à servir et privé du titre de citoyen actif, pour un an. Son jugement lu, il tira son chapeau et leur fit mille remerciements . . .

et des autres qui ont été tués, a été traduit devant la commission militaire à Tours ».

« Deux volontaires ont été assassinés, les communes ont été rendues responsables (*Arch. Nat.*, F II c III, Mayenne, 6).

« Les colonnes mobiles continuent de donner la chasse à ceux qui ont échappé.

« C'est à l'énergie de la garde nationale sédentaire, des militaires des cantonnements et de la gendarmerie nationale, que nous devons la destruction de ces brigands (*ibid.*) ».

Chandelier fut délivré par les Chouans comme on le transférait de Paris à Caen. Il reprit les armes en 1799.

LXIV

Samedy et dimanche, 8 et 9 septembre 1798.

Monsieur Duchemin au citoyen Duchemin Villiers, grande maison Despagne, faubourg Saint-Germain, rue du Colombier, n° 5, à Paris.

(Angevine. — Arrestations).

Ces deux derniers jours ont été deux jours d'*Angevine*. Beaucoup de tentes sur la place Hardy, profusion de galettes et de cidre doux, grande danse, quatre violons jouoient ; il y avoit un monde infini. J'eus une petite alerte : on me cherchoit partout, et on ne me trouvoit point. J'étois allé promener à Avénières ; en m'en revenant j'appris que la gendarmerie s'étoit emparée du domestique de la Maisonneuve et le conduisoit vers la prison. Je cours sur-le-champ pour le *recouer ;* chemin faisant, je trouve le président de la municipalité et lui demande pourquoi on avoit arrêté un de mes métayers. Il me dit de ne point être inquiet, qu'il avoit été relâché, qu'il s'étoit trouvé des gens qui le connaissoient et même en répondoient ; tout fut dit, à cela près qu'à son costume et sans passe-port, on l'avoit pris pour un Chouan non rendu ; d'ailleurs il s'étoit trouvé quelqu'un qui dit aux gendarmes que ce garçon demeuroit près la forêt où s'étoit passée cette malheureuse affaire et qu'il pourroit en être : voilà des gens bien officieux.

La foire de l'Angevine s'est assez bien passée. On n'a point eu d'eau le matin, mais la vente des bestiaux n'a pas été bonne et même bien mauvaise, cela va toujours en diminuant. J'ai vendu deux bouvards du Paty 220 livres et qui auroient dû valoir 300 livres au moins, mais le temps n'est plus. Je vendis deux petits bœufs de la Hardonière 100 livres ; cela n'est pas gros. Je vendis un cochon des Rües, qui marchoit sur trois pattes, 30 livres, cela n'est pas mal ; nous n'aurions pas gagné à attendre qu'il en eût trouvé une quatrième. J'eus grande compagnie le jour de la foire, quatorze métayers ou métayères formoient ma compagnie, et les trois domestiques faisoient dix-sept. Et le hasard me privoit de sept autres : trois Hardonières dînèrent chez M. Duféré[1] et quatre de la Maisonneuve qui s'en furent, n'ayant pu vendre ; mais je n'en aurois peut-être pas été privé sans que la métayère, ainsi que ses enfants, qui étoient venus à la foire pour voir, se trouva malade dans la foire ; cela les fit tous déguerpir et la conclusion fut que la métayère accoucha heureusement l'après-midy, d'une fille.

Il s'agit maintenant de vous dire que j'ai reçu votre lettre du 8. Devilliers a donc une entorse ; j'en suis fâché, car il paroît que vous avez besoin de vos quatre jambes ; il faut à cela du repos et prendre garde de se refouler. Je crois que de l'eau et du sel pourroient la faire désenfler.

Il a été arrêté à Saint-Pierre-la-Cour un chef de brigands nommé Laroche.

[1] Garnier-Duferray (Charles-François-Gilles), juge à Laval.

LXV

Dimanche après-midi.

Monsieur Duchemin père au citoyen Duchemin Villiers, grande maison Despagne, rue du Colombier, faubourg Saint-Germain, n° 5 à Paris.

(Métairie de Courbusson attaquée. — Colonne mobile).

. . . . Dans la nuit de dimanche à lundy, des brigands ou autres, ont été à la métairie de Courbusson [1] à M. Dubignon [2], près le Châtelier, ont attaqué la maison ; on n'a point voulu leur ouvrir la porte. Les brigands ont tiré dans la porte et ont tué une fille, etc., et s'en sont allés après cette expédition. Il y a bien des versions à ce sujet. Voilà encore une mauvaise affaire pour la paroisse, qui est déjà condamnée à 3000 livres, pour l'affaire de la forêt....

Je ne sçais point quel mystère il y a à la poste ; on ne délivre point les lettres que le Département ne soit venu les visiter et peut-être ouvrir celles qu'il suspecte.

La colonne mobile, depuis ton départ, a marché trois fois ; elle est encore en marche depuis hier matin et n'attrape rien, que beaucoup de fatigues....

[1] Courbusson, ferme et château, commune de Saint-Berthevin.
[2] M. Perier du Bignon.

LXVI

26 décembre 1798.

Mademoiselle Artémise Duchemin à son frère, à Chartres.

(Prix du blé. — Levée de jeunes gens. — Contre-chouans).

. . . . Je suis toute affligée que le bled soit plus cher chez toi qu'ici. Nous le vendons cent sols. Après beaucoup de soins et de peines j'en ai fait venir de Vaiges vingt boisseaux. Je dis : j'en ai fait venir, car c'est moi toute seule qui en ai pris le soin. Papa ne cessoit de pronostiquer contre mon entreprise ; il est fort content aujourd'hui qu'elle est terminée glorieusement. Dans quelque temps je renvoyerai Renaud : on le lui a permis ; mais le pauvre garçon pourra être confisqué ici. En demandant un permis, il fallut exhiber son extrait baptistaire pour prouver clairement qu'il n'a que dix-neuf ans. On fait ainsi main basse sur tous les jeunes gens ; cela grossit les Chouans. Tous cependant n'y vont pas. On en forme une compagnie territoriale pour défendre le pays. On met à leur tête un allemand qui a amené ici l'usage des contre-chouans. Cela gêne un peu les vrais ; mais cette mesure fort connue n'atteindra pas encore le but. Ils ont le malheur ; quoiqu'en costume, les paysans ne manquent point de les reconnaître.

LXVII

24 janvier 1800.

Mademoiselle Artémise Duchemin, à son frère.

(Bruits de paix. — Affaire de Meslay).

Quoique les courriers retardent, ils ne nous apportent point de tes nouvelles ; les bruits de paix continuent et les hostilités sont recommencées. La première sortie de Chabot[1] a été une victoire complète ; il partit huit heures avant l'expiration de la suspension. Il rencontra l'ennemi hier matin dans le bourg de Meslay, environ trois fois plus nombreux que lui ; l'arme blanche les a tous dispersés après un feu assez long. Deux chefs ont péri en voulant rallier leurs troupes (Palawki[2] et

[1] Chabot était un des généraux républicains qui commandaient au Mans lorsque les Vendéens y firent leur entrée, pour leur malheur, le 10 décembre 1793. La veille il avait été complètement battu par eux au Gué de Maulny.

[2] Le chevalier de la Volvenne, dit Paratouski ou Palakouski, né à Agen, sorti officier d'artillerie de l'école militaire de Brienne, servit d'abord, durant la Révolution, dans l'armée des Princes. Rentré en France en 1795, il fit partie de l'état-major du colonel Escarbaville qui avait son quartier général dans les environs du Mans, et se fit remarquer dans les différents combats livrés par les Chouans jusqu'à la pacification de 1796. Dans la dernière campagne de la chouannerie, 1799, il fut attaché au général Tercier en qualité d'adjudant général, parcourut avec lui tout le pays et organisa le soulèvement général. En quelque temps, tous deux levèrent une armée de 12.000 hommes. Tercier fait de lui le plus magnifique éloge. « Par

Adolphe)[1].... Nous n'avons perdu que trois ou quatre républicains. On porte le nombre des mécontents tués à deux ou trois cents; nous ne le saurons qu'au retour du général. La veille du combat, un courrier apporta la reddition ou la paix, je ne sçais lequel, de la rive gauche de la Loire; le général La Valette[2] envoya des ordonnances à Chabot, elles ne purent passer. Ce matin on envoie des voitures pour ramener les blessés, il y en a donc plus qu'on ne s'étoit flatté hier. On peut croire que la campagne sera courte et bonne d'après cette première expédition.....

son mérite, dit-il, par son zèle, son activité et son courage, il s'était déjà élevé à la hauteur de la réputation des plus célèbres officiers vendéens ». Toujours à côté de Tercier, le chevalier de la Volvenne se distingua durant toute cette campagne, principalement au combat de Louverné, 1er octobre, et à la prise du Mans, où il commandait une brigade, 14 octobre 1799. Mais il succomba à la tête de sa colonne, abandonnée par Bourmont, au combat de Meslay, 23 janvier 1800. Quelques jours auparavant il avait été nommé chevalier de Saint-Louis.

[1] Adolphe était le nom de guerre de M. de Tercier. Il raconte lui-même comment, grâce à ce dédoublement, quand il préparait la dernière levée d'armes, il pouvait impunément voyager sous son nom véritable et se mêler aux conversations des gens qui faisaient le récit de ses propres exploits. Le bruit de sa mort était controuvé; la lettre suivante rectifie celle-ci sur ce point comme sur plusieurs autres. M. de la Sicotière, qui avait trouvé dans les actes officiels l'annonce de la mort de Tiercé (*sic*) *Adolphe*, la donne comme réelle, prenant ce personnage pour un autre chef de Chouans.

[2] La Valette dont il est ici question n'est autre que Marie Chamans, comte de la Valette, si connu par l'audace avec laquelle, le 20 mars 1815, il s'empara de l'administration des postes au nom de l'empereur, et par le stratagème auquel il dut d'échapper à la sentence de mort prononcée contre lui après le retour de Louis XVIII. On sait que sa femme, Emilie-Louise Beauharnais, put, dans sa dernière visite, lui faire prendre ses propres vêtements et qu'ainsi déguisé il sortit en litière.

LXVIII

27 janvier 1800.

Mademoiselle Artémise Duchemin au citoyen Duchemin Villiers, maison et rue Taranne, faubourg Saint-Germain, à Paris.

(Affaire de Meslay. — Malle arrêtée à la Gravelle. — Pacification en Anjou. — Bourmont).

Nous recevons aujourd'hui ta lettre du 21. Je t'écrivis le lendemain de ton départ à l'adresse de la cousine Provotrie[1]. Une seconde lettre du 24 à la même adresse ne te parviendra probablement qu'avec celle-ci ; les courriers sont tous dérangés. Je t'écrivis cette dernière le lendemain d'une affaire qui se passa à Meslay. Étourdie de tous les récits, je ne t'ai pas dit un mot de vrai, excepté la sortie de Chabot[2]. Mais les faits m'avoient été bien grossis. Il est certain qu'il n'y a eu qu'une vingtaine de morts des deux côtés, plus de celui des mécontents que du nôtre. Il nous est venu ici dix-sept blessés. On ne peut guère savoir le nombre des

[1] Le Clerc de la Provôterie.

[2] Chabot aurait certainement pu prévenir ce dernier combat. Il voulut frapper ce dernier coup malgré l'avis qui lui était donné par Bourmont de ses démarches auprès d'Hédouville. Il partit même de Laval avant l'expiration de la trêve. Si Bourmont, du reste, n'avait pas donné ordre de se retirer sans combattre, sa troupe était suffisante pour tenir tête aux forces républicaines.

autres. Palawki est véritablement mort, l'autre n'étoit pas à la bataille.

Tu parois inquiet de nous, c'est l'effet de l'éloignement ; nous sommes absolument ici dans le même état où tu nous a laissés ; mêmes bruits de paix, plus d'apparences de guerre, puisqu'on se bat. On se tue indignement en Bretagne. L'escorte de la malle fut attaquée avant-hier près la Gravelle ; il n'est revenu qu'un seul homme ! Ici, on espère que d'autres se seront réfugiés ailleurs. Cette escorte étoit de deux cents hommes. Pendant ce combat, le général La Valette recevoit une lettre d'Hédouville[1] qui lui annonçoit que la paix étoit signée avec les chefs de l'Anjou et du Maine, et nommément Bourmont. Chabot part demain avec la 6e pour se rendre à Vannes, où on veut réunir une armée de 30.000 hommes. La paix ne sera donc que pour nous ; c'est toujours quelque chose. Je ne te manderoi plus rien de hasardé ; quand je ne te diroi rien, c'est que je n'auroi rien de certain ; ma lettre du 24 me tient au cœur.....

[1] Gabriel-Théodore-Joseph Hédouville, nommé inspecteur général par le Directoire, eut le commandement d'une division en Bretagne, au moment où les royalistes reprenaient les armes en 1799. Il compta beaucoup plus sur les négociations que sur les armes et, s'il ne les répandit pas à dessein, ne désavoua pas les bruits qu'on faisait courir alors sur le compte de Bonaparte prêt, disait-on, à restaurer la monarchie. M. de Bourmont fit en 1825 l'éloge d'Hédouville, devenu son collègue à la chambre de pairs, et semble lui avoir conservé plus d'estime que de rancune.

LXIX

10 février 1800.

Mademoiselle Artémise Duchemin à son frère, à Paris.

(Pacification. — Affaire de Meslay. — Bourmont, etc...).

. . . . Voilà donc une pacification dans laquelle Georges n'a point voulu entrer ; il a été battu une fois certainement. MM. Châtillon, d'Andigné, etc., ont fait leur traité sans en donner connaissance à M. de Bourmont, quelques jours avant l'affaire de Meslay[1]. Celui-ci a pris le même parti[2]; ses officiers sont désespérés. Leurs soldats crient à la trahison et veulent les fusiller. On fait courir parmi eux le bruit qu'ils ont reçu de l'argent ; la discorde est partout. Je crois que tu ferois bien de ne point répandre ceci et d'engager *nos pays* qui t'en parleroient à avoir le même ménagement, car je pense qu'au lieu où vous êtes, vos nouvelles ont du poids et que beaucoup seront enchantés de celles-ci.

On m'a dit hier que les paysans commencent à s'apaiser. Dans certains cantons il se trouve des hommes qui ont conservé quelque empire sur eux et

[1] Les chefs de la division de la Haute-Bretagne et du Bas-Anjou firent leur soumission officielle à Candé, le 20 janvier.

[2] Bourmont adhéra à l'acte des chefs Angevins, le 4 février 1800. Les chefs de la Basse-Bretagne étaient tous soumis au 14 février.

qui leur font des remontrances; on espère que cela pourra se calmer. Si cela n'est pas, notre pays sera ravagé jusqu'à ce que le dernier mutin soit détruit. Quelques jeunes gens de la ville sont rentrés avec leurs armes, je ne sçais pourquoi, car les chefs licencient leurs troupes, mais ne rendent pas les armes. Je t'ai dit dans mes dernières que M. de Tercier n'étoit pas mort; est-ce un bonheur pour lui ? On dit que MM. Besgner, du Rocher et Vauguion[1] songent à leur retour; je crois que tu feras bien d'éloigner encore le tien . . . . .

Puisque tu cours les cabinets littéraires, donne un instant à la lecture de la *Tragédie de Brixis*, par Poinsinet, et aussi d'un *Agamemnon*, de je ne sais qui; envoie ton jugement là-dessus le plus tôt possible et cherche aussi *la Messiade* de Klopstoch.

LXX

14 février 1800.

Mademoiselle Duchemin à son frère, à Paris.

(Pacification).

Je reçus ta lettre et le paquet mardi pendant le diner. Tu dois avoir vu A. et L. Ch. Ils doivent savoir mieux que nous d'où en est la tranquillité de notre pays. Je dois te prévenir que le second se glorifie du surnom de

[1] Besnier, Lebourdais du Rocher et Foucault-Vauguyon.

chevalier de Crac, afin que tu règles là-dessus ta confiance.

Nous n'avons point les articles de la pacification ; seulement on dit que chaque chef peut présenter une liste de soixante émigrés de leur armée, qui seront rayés sur-le-champ. Nous n'entendons plus parler d'aucune hostilité ; tout me fait espérer que tu pourras revenir sous peu ; mais papa veut encore attendre....

LXXI

Jeudi 27 février 1800.

Mademoiselle Duchemin à son frère, à Paris.

(1800 hommes pour désarmer. — Chouans).

Je te disois donc que M. Pichot part demain ou après demain, et qu'il te porteroit des explications sur ton retour. Nous avons décidé autour du poële de ces dames, Charles et moi, que tu ferois bien d'attendre encore une quinzaine. Il arrive aujourd'hui 1800 hommes qu'on dit destinés à aller désarmer les campagnes ; nous craignons que cette opération ne souffre quelques difficultés et nous ne savons pas ce qu'il en résultera. Cette mesure paroit directement opposée à tout ce qu'on a dit lors de la pacification. Nous ne savons pas encore de quelle manière on s'y prendra et si on ne voudra pas que la garde nationale s'en mêle. D'ailleurs on dit que les Chouans persistent à croire que leurs chefs les ont trahis. Ce désarmement autorisera leur entêtement et leur paroîtra une raison suffisante pour se battre de nouveau. Juge d'où nous en serions ? Il est certain que d'Arnaud[1] n'a point encore reçu d'ordres, ainsi on peut encore douter, mais le bruit en court très fort et le général y croit, tout en redoutant les effets de ce manque de parole. Tu pourrois arriver au moment du trouble et quinze jours de plus nous apprendront si le désarmement aura lieu et de quelle manière il s'exécute.

Nous avons mangé des crêpes à ton intention dimanche et lundy chez ma sœur. Mardy, Charles régala le cercle Pontfarcy. Nous dansâmes depuis sept heures jusqu'à dix. Il ne faut pas le trouver mauvais : nous n'étions qu'entre nous.

Tu ne me parles point des emplettes que tu fais chez les bouquinistes. C'est là qu'il faut tâcher de me trouver *Lavater ;* mais je crois que c'est un auteur nouveau.... Je ne l'ai vu ni dans ton dictionnaire ni dans *Sabattier*.

[1] Le général J.-B. Darnaud, commandant dans la Mayenne.

LXXII [1]

Dimanche soir 19 octobre 1800.

Mademoiselle Duchemin à Monsieur Duchemin père, à Villiers.

(Conseil de paroisse. — Quêtes. — Commissaires pour Saint-Vénérand, les Cordeliers).

Mon cher papa,

Je vous suis bien obligée d'avoir bien voulu penser à ma fête, elle sera meilleure que l'année dernière.

Je vais avoir des affaires jusqu'à votre retour. Le conseil de paroisse s'assembla hier ; on décida que les quêteuses ne seroient point les mêmes pour l'église que pour les ecclésiastiques, excepté dans le faubourg et dans le Pont-de-Maine, parce que le peuple de notre quartier s'étoit expliqué à quelques-uns de ces Messieurs, comme à Mlle Laplace. Ainsi Mlle d'Aubert, Mlle la Plante et moi, avons été nommées pour les deux quartiers. Il y aura demain un an qu'on vous enfermoit dans l'église de la Trinité. Demain les ouvriers commenceront à préparer le travail dans l'église des Cordeliers et j'irai avec Mlle la Plante rece-

[1] Il n'est pas sans intérêt de voir l'empresssement qu'on mit, dans toutes les classes de la société, pour réorganiser matériellement le service du culte. Les détails qui se lisent dans les lettres suivantes montrent que ce fut surtout l'initiative privée qui contribua à réparer les ruines.

voir et demander les offrandes de chacun. Saint-Vénérand a nommé six membres pour le conseil, ce sont MM. Vaubernier, la Bérangerie, Duchemin-Poulet, Lepec, Marceul Vitrier et Desgenetais. Ils se réunirent hier après-midy chez M. Charles, avec ceux de la Trinité. Le bureau nomma quatre commissaires pour diriger les travaux des Cordeliers : MM. Chanteloup, Letessier, Marceul et Noyer. Ceux de Saint-Vénérand sont : MM. Marceul Vitrier, Segrétain-Dupâtis, etc. On ne nomma que nous pour la quête et on chargea M. Charles de nommer les autres avec nous chez les demoiselles Pontfarcy. Les demoiselles Dufresne furent aussi nommées officiellement ; elles ont élu Mlle Corbier pour aller avec elles. M. Boullier est le receveur général, malgré les observations sur son autre recette. Le bureau a expédié aux quêteuses un tableau approximatif des dépenses, afin que chacun mesure sa générosité aux besoins. Il faut 7.000 livres pour les deux églises, il y a une personne qui offre 200 livres et une autre qui compte en donner 100. Nos instructions portent qu'il ne faut taxer personne, mais que le conseil croit que les bonnes maisons doivent donner de un à plusieurs louis. Nous prendrons une note des ouvriers qui donneront de leur temps et nous la remettrons aux commissaires.

Charles a prié Mlle Chalais de quêter dans le quartier du Val-de-Mayenne, Mlles Duteilleul et Courchamps pour le quartier de ma sœur ; il parle au nom du bureau. Je ne veux point me mêler de prier les autres et je suis même fâchée qu'on ait dit au conseil que les quêteuses seroient nommées par nous.

LXXIII

20 septembre 1802.

Mademoiselle Artémise Duchemin à son frère.

(Le maire chargé de la police des églises).

. . . . Le maire est définitivement chargé de la police des églises. Il assista hier à la grand'messe de Saint-Vénérand avec des gendarmes, les adjoints avec pareille escorte étoient à la Trinité. Tout se passa bien.

LXXIV

Au Boisbide près Vitré, le 31 juillet 1803.

M. du Bourg père à M. Duchemin de Villiers fils, à Laval.

(Rétablissement de l'église des Cordeliers. — Démarches près du génie militaire).

Monsieur,

Je n'ai reçu que le 30 de ce mois votre lettre du 24. J'ai écrit sur-le-champ à mon ancien ami et camarade, le citoyen l'Étang, chef de brigade, directeur des fortifications à Saint-Malo.

Je lui expose toutes les raisons que vous m'avez détaillées pour obtenir la conservation de l'église des Cordeliers, que je lui représente comme très incommode pour servir de magasin, vu la rampe et les marches qui y conduisent, et que la porte principale fait face à un portique sous lequel tous les objets qui entrent et sortent sont obligés de faire un quart de conversion.

Je lui représente l'hôpital Saint-Louis comme un local avantageux par sa proximité d'une rivière navigable, les Ursules comme un bâtiment vaste et bien conservé par les membres d'une école centrale qui va être supprimée, enfin les restes du couvent des Bénédictines et le couvent des Cordeliers comme un supplément en cas de presse.

Vous pouvez compter sur la bonne volonté de mon ami l'Étang, mais il est possible qu'on lui force la main.

Mon fils aîné va écrire au citoyen du Bois de Frenay[1] chef de bataillon du génie à Rennes, et chargé spécialement de Laval. Comme il s'est marié dans votre ville, vous pourriez trouver dans la famille de sa femme de meilleurs avocats que mon fils. Vous savez mieux que moi ce qui en est.

Au reste le citoyen du Bois est aux ordres du citoyen l'Étang, et ce dernier a seul la correspondance avec le ministre.

Je voudrais pouvoir faire mieux....

[1] M. Duboys-Fresnay, retraité comme colonel, mort à 107 ans, père du général Duboys-Fresnay, ancien sénateur de la Mayenne.

LXXV

Jeudi matin, fête de sainte Artémise, 20 octobre 1803.

Mademoiselle Artémise Duchemin à son frère.

(Fabrique. — Église des Cordeliers. — Inventaires).

. . . . La semaine a été fertile en nouvelles. La nouvelle fabrique les fournit toutes. Cela commença dès samedi. M. le Curé et les trois marguilliers furent en habit noir faire une visite à M. Boullier, pour le prier de leur donner des leçons et de vouloir bien se trouver à leur assemblée lundy soir. De là ils se transportèrent chez Mlles Dufresne pour les prier de continuer leurs soins à la Trinité. Je les reçus mardi dans ma chambre, leur visite dura une heure et demie. M. Boullier se rendit lundy à l'assemblée avec son compte, qui fut examiné et reçu avec toute la confiance et l'honnêteté possible. MM. de Saint-Vénérand n'y étoient pas, M. Boullier dit qu'il désiroit ne pas faire un second travail et qu'on communiqueroit le compte tel qu'il étoit à ces Messieurs. Il fut décidé que toutes les places rétribuées par la fabrique seroient occupées par des enfants de paroisse. M. de Cormeré donne la nouvelle officielle d'un arrêté du 30 fructidor, qui concède à la ville de Laval l'église des Cordeliers pour l'exercice du culte catholique, et qui rapporte celui qui la destinoit à faire un magasin militaire, à condition que la ville donnera une somme de dix mille livres pour être employée à la construction d'une caserne, qui se fera dans le couvent des Cordeliers. Voilà donc l'offre de Mlle Hardi acceptée. Est-ce la lettre du Préfet qui a produit cet arrêté? Il y a de l'apparence. Sont-ce nos amis? ce paiement me feroit croire qu'ils n'ont pas opéré seuls. M. Cormeré et mon oncle ne veulent point que l'on parle du paiement avant la quête du bureau, dans la crainte de faire tort aux pauvres. Le préfet a dit que ce n'étoit pas pressé et qu'on auroit du temps. Mon oncle et M. le Curé, de concert, tout bas et bien bas, avec Jérôme, sont convenus de faire des démarches pour obtenir une remise entière. En conséquence M. le Curé écrit à Renaud de Saint-Jean d'Angély, pour lui représenter qu'une ville qui l'a édifié par ses aumônes, mérite bien qu'on lui fasse présent de dix mille francs, etc. Mon oncle me montra hier une lettre qu'il écrit à M. Douard, pour le prier de voir si l'archevêque de Tours ne pourroit pas encore s'employer pour cela, comme conseiller d'État ou autrement. Voilà des secrets que tu garderas bien. Je reviens aux marguilliers. Ils expulsèrent MM. Louis et du Bourg, et veulent M. Chanteloup, diacre, et M. Granger, sous-diacre; cela excite beaucoup de murmures. Quelqu'un a représenté à M. le curé qu'il étoit de son intérêt d'avoir le plus possible de places rétribuées pour les prêtres, et qu'il falloit tâcher de conserver un prêtre sacriste aux Cordeliers; le pauvre bonhomme en est malade; il est affligé de l'expulsion des deux diacres. Je crois que ses représentations ont un peu ébranlé M. Cormeré pour M. Granger, car il me dit mardy qu'il n'étoit pas décidé qu'il ne restât pas comme sacriste aux Cordeliers. La visite qu'il me faisoit étoit pour me prier de donner mes soins à l'église ; je me crus en droit de plaider pour qu'il y restât des prêtres. Il me dit que la sacristie de la Trinité étoit présentée de nouveau à M. Chapelet, qu'il auroit une rétribution plus forte et qu'on lui passeroit des sous-sacristes pour les deux églises. Sur mon observation qu'un sous-sacriste ne diroit point la messe, il me dit qu'il y auroit six vicaires, M. Chapelet et un autre aux Cordeliers. Je lui dis que le nombre et le choix des vicaires ne le regardoient pas. Il en convint pour la forme, persuadé que son influence feroit ce que le droit ne pourroit faire. Nous parlâmes de la recette des prêtres, il étoit arrêté avec M. Boullier qu'il n'en seroit pas question ; je leur expliquai comment cela nous regardoit seules, ils convinrent que la quête tomberoit s'ils la touchoient. Ces Messieurs pensent qu'il faudra finir par charger la fabrique des vicaires et ne croient pas en avoir le moyen. Ils ne les comptent qu'à cent écus ; je leur dis que tandis que nous aurions de quoi faire nous continuerions, qu'au reste ils feroient bien d'en charger la commune. Je leur dis encore que M. Boullier ne referoit pas un compte séparé pour Saint-Vénérand ; ces messieurs décidèrent avec moi qu'ils prieroient Saint-Vénérand de venir joindre leurs signatures aux leurs. Au reste Saint-Vénérand a mis et levé des scellés, expulsé le Bourreau sans M. Boullier, ainsi je ne les crois pas en peine de comptes . . . .

Ma sœur est priée d'assister à l'inventaire de la Trinité qui se fera lundy. Ces Messieurs m'invitent aussi d'aller avec eux faire celui des Cordeliers. Les reconnaissances que vous avez données seront ratifiées. M. Duferré veut même ne point inventorier tout ce qui n'est que prêté. J'ai proposé là-dessus de remettre au chapier les ornements que j'ai chez moi ; on m'a priée de les garder jusqu'à l'inventaire. . . . .

LXXVI [1]

Mercredi 7 avril 1813

Mademoiselle Artémise Duchemin à son frère, à Villiers, par Vaiges.

(Levée d'hommes. — Garde d'honneur).

. . . . Les grandes nouvelles sont enfin arrivées : un sénatus-consulte pour établir la régence ; un second qui ordonne la levée de 90.000 hommes sur les années 6, 7, 8, 9, 10 et 11 ; dix mille jeunes gens riches et bien élevés, pour former une garde d'honneur à l'Impératrice et à son fils. Ils formeront notre régiment de cavalerie, équipés à leurs frais, leurs parents leur feront une pension de douze cents francs. 100.000 conscrits, en 1814, seront mis à l'armée active. Organisation de la garde nationale dans tout l'empire pour garder les frontières et les côtes ; des sénateurs vont parcourir les départe-

1. Ce ne sont plus, pour notre Mayenne, des événements bien tragiques, comparés à ceux de la Terreur et de la grande chouannerie, que les réquisitions de l'Empire à son déclin, les légers mouvements de 1815 et le séjour momentané de quelques bataillons prussiens dans notre pays. Mais c'est le dernier écho de la tourmente. Il est bon d'en consigner le souvenir dans un livre ; aucun témoin oculaire ne nous en parlera plus désormais.

ments pour l'organiser. Le service se fera par quartier, etc. Voilà à peu près ce qu'Eugène a vu dans le *Moniteur*. Le voilà infailliblement pris. Il n'est point fâché ; il préfère la garde du corps à la garde nationale. Il n'a peut-être pas tort. Comment faire pour Isidore?... Il paraît que l'Empereur n'est pas encore parti, que le roi de Prusse nous tourne le dos, que la Wesphalie s'insurge, que les villes anséatiques sont toutes perdues et que l'ennemi a passé l'Elbe... Quitte un moment les architectes pour venir gloser avec nous.

LXXVII

21 juin 1814.

Mademoiselle Artémise Duchemin à son frère, à Villiers, par Vaiges.

(Passage du duc d'Angoulême).

Nous sommes tous occupés des préparatifs pour la réception du duc d'Angoulême. Toute la route, de Saint-Étienne au haut de Beauvais, est tendue en ciel. Il arrive demain de grand matin, déjeûne à l'Hôtel-de-Ville et repart pour Rennes. Si tu pouvois arriver à sept heures ou huit, tu le verrois repartir. Quarante dames iront faire les honneurs du déjeûner. Arcs de triomphe, guirlandes, etc.... nous allons travailler tout le soir à la municipalité, à orner la table, Mmes Levasseur et la petite société. Adieu, tâche de venir. Le prince couche à Mayenne, je ne puis croire qu'il arrive de si grand matin.

LXXVIII

Évron, ce 11 juillet 1815.

Monsieur Eugène Boullier, à Monsieur Duchemin de Villiers, à Laval

(Chouannerie. — Sainte-Suzanne).

Mon cher oncle,

Camille de Pontfarcy a reçu ce matin vos deux lettres que M. Anjubaux nous a remises. Le maire et le commandant de Sainte-Suzanne étaient décidés à nous remettre la ville, au cas où les journaux annonceraient qu'on reconnaissait à Paris l'autorité du Roi. Vous leur avez témoigné que vous désiriez que nous n'entrassions point dans leur ville ; et c'est d'après cela, sans doute, qu'ils se sont déterminés à violer leur parole d'honneur, en nous en refusant l'entrée. Cet événement a pensé entraîner des suites bien funestes. Nos hommes avaient la tête montée : nous avons vu le moment où un assaut inutile et meurtrier allait être livré. Quelques escarmouches ont eu lieu : nous n'avons point eu de mal, mais nous ignorons si les assiégés en ont eu.

Notre projet était d'abord de bloquer la place pour la prendre par famine, ce qui n'eut pas été très long, puisqu'il n'y a point de moulins dans son enceinte ; mais nous avons craint quelque surprise de la part du général, nos forces étaient insuffisantes pour le braver. Nous nous sommes donc retirés sur Évron, avec le chagrin d'avoir fait une démarche inutile et d'avoir aigri de plus en plus les esprits. Si nous fussions entrés à Sainte-Suzanne, tous les réfugiés auraient eu des sauf-conduits, nous eussions accordé une amnistie entière, au lieu qu'actuellement nous ne savons comment il nous sera possible d'arrêter les vengeances, les justices particulières. De plus, nous espérions voir au moins triompher une fois le parti du Roi ; au lieu de cela nous le voyons en quelque sorte humilié. L'intention des chefs de la division est donc de tenir à ce que les clefs de Sainte-Suzanne nous soient remises n'importe à quel moment, à ce que les conditions de la capitulation aient leur effet autant que possible, enfin à ce que la première démarche des habitants, pour reconnaître le gouvernement royal, soit dirigée vers nous. C'est une réparation à laquelle nous tenons absolument, et je crains que si elle ne nous est pas accordée, les hostilités ne se perpétuent malgré nous, après que tout le pays aura été pacifié. Nous allons donc continuer d'observer Sainte-Suzanne, et nous vous prions d'engager les habitants à nous recevoir. Nous leur avons promis sûreté, justice et protection, et nous leur tiendrons tout.

Je vous prie, mon cher oncle, de me donner réponse le plus tôt possible, par l'exprès que je vous envoie.

Je suis, etc.

EUGÈNE BOULLIER.

LXXIX

Place de Sainte-Suzanne, ce 15 juillet 1815.

Monsieur Eugène Boullier à Monsieur Duchemin de Villiers, conseiller de préfecture, chargé par intérim des fonctions de Préfet de la Mayenne, à Laval.

(Chouannerie. — Prise de Sainte-Suzanne).

Mon cher oncle,

Avant la réception de votre lettre, M. le Maire de Sainte-Suzanne nous fit dire à Évron qu'il avait arboré le drapeau blanc, que les réfugiés avaient pris la fuite et qu'il se *livrait à nous à discrétion*. Comme Sainte-Suzanne est un point de défense important et que les armes qui y sont nous étaient nécessaires, nous crûmes qu'il était à propos de ne pas attendre les ordres de M. d'Andigné, relativement à cette ville, et qu'il fallait l'occuper sur-le-champ. En conséquence, je suis entré avant-hier dans Sainte-Suzanne, à la tête d'un détachement de la division et j'ai pris le commandement de la place. J'ai pris de suite connaissance des armes et des munitions qui devaient y être, je les ai fait rendre, et comme beaucoup de particuliers avaient fait le service avec leurs fusils de chasse, j'ai fait déposer entre mes mains toute espèce d'armes particulières, en en faisant un contrôle bien exact et les numérotant avec les noms des propriétaires. Les habitants de Sainte-Suzanne, presque tous révolutionnaires, nous ont reçus avec un morne silence et une tristesse marquée. On nous a averti secrètement que de sinistres complots se tramaient encore. J'avais d'abord établi une simple garde de police, j'ai cru devoir *faire garder la ville militairement;* personne n'en sort sans permis. J'ai exigé qu'aucun fonctionnaire ne sortît avant la reddition des armes terminée ; quant à la gendarmerie, je l'ai désarmée et consignée dans sa caserne. Je vois en général beaucoup de mauvaise foi et de mauvaise volonté dans les habitants de Sainte-Suzanne. Le guide de notre conduite doit être, je le pense, un juste milieu entre trop de sévérité et trop d'indulgence. Ce milieu est difficile à garder.

Pontfarcy a fait emprisonner à Évron quelques réfugiés qui avaient pris la fuite avant notre arrivée ici. J'ai fait dire à quelques-uns qui sont restés dans la place de s'y tenir cachés. Vous observerez que ce n'est point d'après votre ordre, *mais à discrétion*, que la ville s'est rendue. Les conditions de la capitulation étaient honorables de part et d'autre. Maintenant tout s'est livré sans réserve, les réfugiés fuient sans le sauf-conduit qui leur eût été délivré. Je vous prie maintenant de me donner quelques conseils, surtout relativement aux fusils particuliers ; il serait bon que M. d'Andigné fût consulté là-dessus. Souvenez-vous de ce que j'ai dit plus haut, qu'on nous menace sourdement. L'esprit des habitants et la circulation des troupes nous font craindre qu'il n'y ait encore quelques scènes malheureuses. Je crois avoir adouci ce que ma mission a de dur ; la discipline est bien observée, il n'y a eu aucune rixe, pas même de propos.

Veuillez, mon cher oncle, nous donner vos conseils en

vous entendant autant que possible avec M. d'Andigné. Isidore vous dira que je suis souvent contrarié dans mes vues.

Le journal d'hier nous a fait à tous une peine sensible. On croirait presque que le Roi nous punira d'avoir pris les armes.

Votre très humble et très obéissant neveu,

EUGÈNE BOULLIER.

LXXX

Parné, ce 16 juillet 1815.

Monsieur Eugène Boullier à Monsieur Duchemin de Villiers, conseiller de préfecture, chargé par intérim des fonctions de Préfet de la Mayenne, à Laval.

(Chouannerie).

Mon cher oncle,

Je reçois à l'instant une lettre de Camille de Pontfarcy qui m'annonce qu'on l'attend à Laval. Il paraît qu'il va s'y diriger. Est-il vrai que M. d'Andigné lui-même doive s'y rendre ? C'est d'après ses ordres que je conduis un détachement vers le Morbihan pour y prendre avec lui des armes anglaises. Cela ne s'accorde pas avec le bruit de sa prochaine entrée à Laval. Veuillez, mon cher oncle, me donner sur-le-champ connaissance de ce que vous pouvez savoir à ce sujet. Je pourrai avoir votre réponse à Entrammes. S'il n'est pas à propos que Camille vous arrive, vous pouvez lui écrire à Evron, où il était ce matin, et qu'il ne quittera probablement que pour se rapprocher de Laval.

Je suis, etc....

EUGÈNE BOULLIER.

LXXXI

Cossé, le 8 août 1815.

Monsieur Trotry, maire de Cossé-le-Vivien, à Monsieur le Curé de Vaiges

(Passage des Prussiens).

Monsieur le Curé,

J'ai l'honneur de vous prévenir qu'un capitaine prussien, qui a logé chez vous la semaine dernière ou au commencement de celle-ci, réclame un manteau de couleur brune, avec le licol de son cheval. Le domestique de cet officier croit que ces deux objets sont restés dans votre écurie. Je vous prie d'en faire une recherche soigneuse. Je crains fort que vous ne soyez inquiété s'ils ne se retrouvent. Le capitaine menace déjà de vous envoyer cent hommes pour le recouvrement de ce qu'il a perdu.

Je vous salue, Monsieur le Curé, très respectueusement,

TROTRY, maire de Cossé-le-Vivien.

LXXXII

Vaiges, 9 août 1815.

Monsieur Chenevière, curé de Vaiges, à Monsieur Duchemin de Villiers, conseiller de préfecture, à Laval.

(Passage des Prussiens).

Monsieur,

Je viens de recevoir une lettre de M. le Maire de Cossé-le-Vivien qui me surprend beaucoup et me met dans une grande inquiétude. On me demande un manteau avec un licol de cheval, que M. le capitaine d'artillerie prussienne croit avoir perdus ou laissés dans mon écurie. Par la lettre de M. le Maire, ci-incluse, et dont je vous prie de prendre lecture, on me menace de m'envoyer cent hommes pour le recouvrement de ce qu'il a perdu.

J'ai l'honneur de vous exposer, Monsieur, qu'on ne m'a mis entre les mains aucun de ces objets ; j'ai bien vu dimanche, tout le jour, les manteaux étendus dans ma cour et proche la porte de mon écurie, pour les faire sécher ; les domestiques de M. le Capitaine les ont serrés le soir, excepté deux qu'ils ont laissés coucher dans ma cour toute la nuit, et que je leur ai fait serrer le matin. Ils n'ont rien laissé chez moi, ni dans mon écurie. Si le manteau de M. le Capitaine est perdu, il ne peut avoir été pris que par ses soldats, qui ont été toute la journée dans ma cour; il ferait bien de faire visiter les sacs. Le premier domestique de M. le Capitaine peut aussi l'avoir perdu en route ou laissé prendre à Laval, dans sa petite voiture qui ne fermait point et qu'il aura sans doute laissée sans garde. Je vous prie donc, Monsieur, d'avoir la complaisance d'en parler à M. le Préfet, afin d'arrêter une poursuite aussi injuste que celle-ci. Vous avez sans doute le colonel de cette troupe en votre ville; si vous pouviez l'engager à écrire à ce M. Capitaine pour lui faire cesser toute poursuite, je vous en prie instamment.

Je vous prie, Monsieur, d'offrir mes hommages respectueux à Mademoiselle votre sœur et à Madame Boullier et ses enfants.

J'ai l'honneur d'être, etc.

CHENEVIÈRE, prêtre.

P. S. — J'ai l'honneur de vous observer que les domestiques étaient un peu ivres et qu'ils peuvent avoir perdu tous ces objets à Laval ou sur la route.

APPENDICE

L'article suivant, où l'on trouvera la liste des officiers municipaux élus par leurs concitoyens ou nommés d'autorité par les commissaires, de 1788 à 1796, s'est trouvé trop long pour pouvoir être donné en note. Il est utile néanmoins pour l'intelligence des événements, et jamais encore ce relevé des opérations électorales n'avait été même ébauché pour Laval.

M. Duchemin de Villiers lui-même nous dit, dans l'un de ses recueils manuscrits, comment était composée l'assemblée municipale immédiatement avant la Révolution :

« Le 29 février 1788, écrit-il, il y a eu une assemblée générale à l'Hôtel-de-Ville. Elle avait deux objets :
1° De choisir un cimetière pour les non catholiques....
2° De choisir des commissaires pour former l'assemblée municipale de la ville, attendu que l'Hôtel-de-Ville n'est pas complet. En effet il n'est composé présentement que de cinq officiers. On a nommé sept commissaires pour former avec eux l'assemblée municipale

qui, à ce moyen, sera de douze membres. Les sept personnes élues sont :

M. Lévêque, chanoine de Saint-Tugal, pour le clergé.

M. d'Aubert, pour la noblesse.

M. Martin de la Tremblaye, procureur fiscal, pour les officiers.

M. Courte de Vilclair, pour les avocats.

M. Duchemin d'Auvais, pour les bourgeois de la Trinité.

M. Guittet, pour les bourgeois de Saint-Vénérand.

M. Letourneur de Mouette, pour le commerce.

Le maire était M. Frin du Guiboutier, et le lieutenant du maire, M. Gaultier du Breil, procureur du roi au siège royal ».

L'organisation des municipalités en 1790, d'après les nouveaux décrets, fut fort compliquée. La municipalité proprement dite comprenait à Laval douze officiers municipaux. Le conseil de la commune comprenait en outre vingt-quatre notables. Enfin, dans la municipalité elle-même, on distinguait le bureau qui expédiait certaines affaires et préparait celles qui devaient être soumises aux assemblées générales.

Il s'en faut de beaucoup que le fonctionnement de tous ces rouages de l'administration communale ait été régulier.

Du reste la municipalité, sauf peut-être pendant une courte période, fut toujours relativement modérée ; plusieurs fois même ses membres firent acte de courage civique pour empêcher des mesures odieuses.

Les élections des 10, 11 et 16 février 1790, donnèrent les résultats suivants :

M. François Hubert, chirurgien, maire.

M. Enjubault de la Roche, fils aîné, procureur de la commune.

M. Aubry, l'aîné, substitut du procureur.

Officiers municipaux :

MM.

Duchemin d'Auvais.

Davrillé, l'aîné, négociant.

Plaichard de la Choltière, médecin.

Paillard de la Houissière, apothicaire.

Choquet, médecin.

MM.

Roche, fils, horloger.

Pichot, négociant.

De Valois, écuyer.

Ringnet, père, bourgeois.

Segretain, l'aîné, négociant.

Devernay - Duronceray, avocat.

Notables :

MM.

Rousselet, fabricant de flanelle.

Lebreton-Deslandes, négociant.

Couanier-Deslandes, négociant.

Triouflo-Chapelle, marchand-fabricant.

Lebeau, poupelier.

Guérin de la Marche.

Mouton, notaire.

Galichon de Courchamp.

Launay-Fresnay.

Guyard-Lacroix.

Guyard, père, marchand.

MM.

Duchemin de la Fournière.

Lebourdais - Durocher, chirurgien.

Charoult.

Langevin, marchand épicier.

Bourdoiseau.

Louvrier, fils, huissier.

Josset, notaire.

Duchemin-Morinière.

Desfontaines, tanneur.

Hamon, marchand.

Lasnier, teinturier.

Bourzé, l'aîné.

Dans le cours de l'année 1790, il y eut de nombreux changements, soit par suite de démissions, soit par appel à d'autres fonctions des membres élus.

Enjubault de la Roche, élu membre du Département, fut remplacé, le 20 juillet, comme procureur de la commune, par M. Gombert de la Tesserie, fils, avocat à Laval, qui, lui-même, le 15 novembre, eut pour successeur M. Le Pescheux d'Auvais.

M. Segretain l'aîné, nommé membre du Département, eut comme remplaçant M. Rousselet, notable.

M. de Valois donna sa démission le 9 août ; M. Lebreton-Deslandes, notable, fut élu en sa place.

Le 17 novembre 1790, M. Sauvage de la Ville, fut choisi comme substitut du procureur de la commune, après démission de M. Aubry.

Enfin, le conseil fut complété le 18 novembre par l'élection de nouveaux membres :

Officiers municipaux :

MM. Aubry, l'aîné.
Dellière, notaire.
Louis Georget, négociant.
Boullevraye, médecin.
Laureau, père, qui refusa à cause de son grand âge.
Couanier-Deslandes.

Notables :

Lemesle de la Maisonneuve, aîné, marchand orfèvre.
Pichon, père.
Péan, marchand.
Lemonnier, notaire.

Roche, père, horloger.
Marcoul de la Chapronnière.
Lesayeux de la Giraudière.
Hays de la Chesnaie.
Toutin, l'aîné, marchand cordonnier.
Leprince, père, marchand.
Mareau, négociant.
Collet de la Chauvelière, marchand tisserand.
Deschamps, marchand épicier.

Au mois de novembre 1791, il y eut de nouvelles élections ; celle du maire fut particulièrement difficultueuse. M. Segretain de la Cocherie qui, le premier, réunit la majorité (14 novembre) prétexta qu'il était « d'une timidité sans exemple, sans ambition et déjà « administrateur de l'hôpital Saint-Joseph ».

Le lendemain, M. Choquet, médecin, refusa le mairat pour cause de santé. On élut M. Plaichard de la Choltière, mais il était alors à Paris et, dès son retour, il s'empressa de décliner l'honneur. Le 21 novembre, M. Plaichard de la Houissière, apothicaire, accepte enfin. Mais, dès le lendemain, il écrit à ses collègues : « Atteré, anéanti du poids de la confiance et des bontés de mes concitoyens, je perdis tout sentiment excepté celui de l'obéissance. Le calme de la nuit m'a rendu à mes sens ; j'ai pu mesurer l'étendue de mes devoirs ; je n'ai trouvé en moi que faiblesse et incapacité ». Il déclare enfin vouloir réparer l'erreur commise par ses concitoyens en leur offrant sa démission « à cause, dit-il, de mon attachement au bien public ».

Tous ces refus n'avaient, au fond, qu'une seule explication : les difficultés d'une situation qui s'aggravait de plus en plus, surtout par suite des atteintes portées aux convictions religieuses de la population.

M. Lepescheux d'Auvais, médecin, accepta enfin les fonctions de maire, le 12 décembre 1791 et, comme il avait été élu procureur de la commune, il fut remplacé dans cette charge par M. Garnier du Ferray, qui eut pour substitut M. Paillard de la Houissière.

Six officiers municipaux sortants furent remplacés par :

MM. Duchemin de la Gimbertière, fils aîné.
François Segretain de la Cocherie.
Lesayeux de la Giraudière.
Lévêque de la Guitonnière.
Davrillé des Essarts, négociant.
Antoine Piquois, négociant.

La moitié des notables fut aussi renouvelée; les nouveaux membres sont :

MM. Enjubault de la Roche, père, juge du district.
Rabard, vicaire épiscopal.
Laban, vicaire épiscopal.
Choblet.
Ringnet, bourgeois, qui refuse.
Bigot, le jeune, négociant.
Frin de Cormeré, receveur du district.
Delarue, vicaire épiscopal.
Letourneur-Duteilleul, négociant.
D'Orlodot, curé de Saint-Vénérand.
La Porte-Méral, bourgeois.
Leray-Prairie, le jeune, notaire.
Roche, fils, nommé en place de Ringnet.

Les élections du 9 et du 19 décembre 1792 continuèrent M. Lepescheux dans ses fonctions de maire, et créèrent officiers municipaux et notables :

Officiers municipaux :

MM.
Antoine Piquois.
Segretain-Cocherie.
Duchemin-Gimbertière.
Lesayeux-Giraudière.
Lévêque-Guitonnière.
Boullevraye.
La Porte-Méral.
Davrillé des Essarts.

MM.
Ruffin, père.
Pichon, père.
Roche, père, pour remplacer M. Choquet, médecin, qui n'avait pas accepté ; il fut remplacé lui-même le 3 juin 1793 par M. Morin-Blottais.

Notables :

MM.
Seguela.
Enjubault-la-Roche, père.
Collet-Trioufle.
Laban.
Hubert-Rue-Neuve.
Bigot, le jeune.
Rochette-Besnerie.
Choblet.
Frin de Cormeré.
Rabard.
Bescher, greffier.
Noyer.
Hubert, fils, apothicaire.

MM.
Garnier du Ferray, juge de paix.
Leray-Prairie, le jeune.
Roche, fils.
Lasnier-Vaucenay.
Bidault, apothicaire.
Morin-Blottais.
Chouquet.
Jousse.
Richard - Fournière, fils aîné.
Larcher.
Leroux, fils.

Le bureau de cette municipalité se composa des citoyens : Boullevraye, Lévêque-Guitonnière, Duchemin-Gimbertière.

Antoine Piquois, Segretain et Cocherie formèrent le bureau de police municipale.

Le 4 octobre 1793, les représentants du peuple Thirion et Esnue-Lavallée sont à Laval et, sans plus tenir compte du vœu des habitants, renouvellent d'autorité l'administration municipale comme toutes les autres. Messieurs Segretain, Cocherie, Duchemin-Gimbertière et Boullevraye eurent l'honneur d'être révoqués ; leurs collègues donnèrent tous leur démission. Les deux conventionnels nommèrent alors les citoyens :

Tulot, curé de N.-D. de Laval.
La Chapelle, marchand.
Faur, imprimeur.
Applagat, marchand.
Deslandes, serrurier.
Caillé, négociant.
Tellot, père, notaire.
Croissant-Desalleux, marchand.
Pincé, père, marbrier.
Boisard, fils.
Javron, le jeune, marbrier.

Les notables furent également destitués et remplacés par des cabaretiers, des boulangers, des tisserands, des perruquiers. Les citoyens Guilbert et Leroux, fils, eurent la charge de procureur de la commune et de substitut.

Le 13 germinal an II (2 avril 1794), François-Primaudière est à son tour en mission à Laval. « Considérant que, né au milieu des orages, le gouvernement révolutionnaire doit avoir l'activité de la foudre... ; qu'il doit porter la vie aux patriotes et aux traîtres la mort » ; il épure lui aussi les diverses administrations et spécialement celle de la commune.

Lepescheux, maire, La Chapelle, Faur, Deslandes, Tellot, Pincé, Javron, sont maintenus en fonctions. Pour remplacer les autres qui sont destitués : Lormy, négociant, Guyard, négociant, Simon-Dutertre, Maréchal, instituteur, sont nommés et installés.

Il y eut également parmi les notables un certain nombre de destitutions et de remplacements.

Les membres du bureau furent : Maréchal, Guyard, Tellot, Dutertre et Lormy.

Le 27 brumaire an III (17 novembre 1794), le représentant Boursault, qui venait à Laval mettre un terme aux exploits des terroristes, nomme à son tour :

Antoine Piquois, maire.
Lesayeux-Giraudière.
Pichot du Britais.
Douard, père.
Perier Ducoudray.
Tellot, père.
Paillard-Houissière, père.
Joseph Lasnier.
Lebreton de la Coudre.
Lormy.
Jean Guyard.
Simon-Dutertre.
officiers municipaux.
Dayen, agent national.
Hubert, fils, chirurgien, substitut.
Lelièvre, secrétaire.

La liste des notables comprenait :

Rochette, Daniel Yvon, Veillard, Hayer, Lelièvre, instituteur, Duchêne-la-Chambre, Queruau-Maisonneuve, etc., etc.

Le 15 brumaire an IV (6 novembre 1795) en vertu de la loi du 19 vendémiaire précédent, on procéda à l'élection de sept nouveaux officiers municipaux. M. Moreau-Lanoë avait été élu maire le jour de la Toussaint. Pour comprendre ce qui se passa dans le scrutin mouvementé du 15 brumaire, il faut rapprocher de ce qu'on va lire ici les renseignements de la lettre LVI, page 162.

Les sept élus furent :

Bezier, vétéran.

Nicolas Hayer, marchand.

La Porte-Méral (Chrisante-Jean-Félix), officier de l'état-civil.

François Roche, horloger, receveur des contributions de Laval (Il refusa à cause de cette fonction).

Jean-Baptiste Lévêque, l'aîné, officier public.

Jacques Régereau, père.

Nicolas-Jean-Marie Lilavois-Lavarenne.

Ne voulant pas faire partie d'un corps dont l'exterroriste Bezier était membre, le maire et les anciens officiers municipaux font leur démission ; les nouveaux élus refusent d'accepter le mandat qui leur est confié. Très embarrassé de cette situation, le général La Barollière les réunit à l'Hôtel-de-Ville pour les déterminer à accepter un poste de dévouement. Trois des derniers élus : La Porte-Méral, Lévêque, Lilavois finissent par se résigner à devenir les collègues de Bezier, à condition que les sieurs Lebreton, Perier-Ducoudray et Antoine Piquois leur soient adjoints pour aider leur inexpérience. Cette transaction aboutit enfin.

Le 2 germinal an IV (22 mars 1796), cette municipalité tronquée prête serment de haine à la royauté. Je ne la suis pas plus loin. Son rôle est très effacé.

TABLE DES MATIÈRES

TABLE

DES NOMS DE PERSONNES ET DE LIEUX

A

B

C

D

E

F

G

H

J.

L

M

N

O

P

Q

R

S

T

U

V

Y

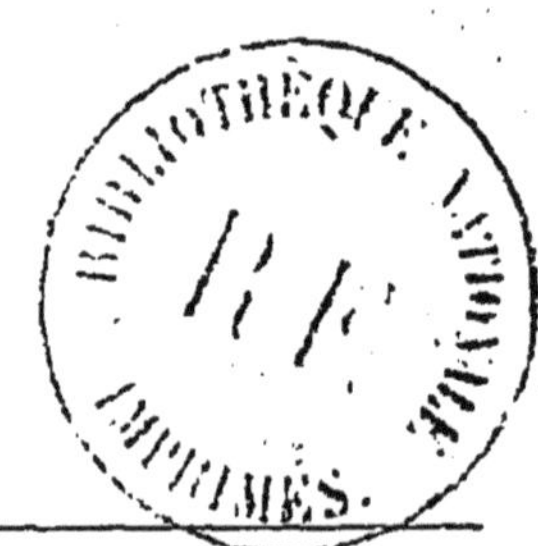

LAVAL. — IMPRIMERIE A. GOUPIL

www.ingramcontent.com/pod-product-compliance
Ingram Content Group UK Ltd.
Pitfield, Milton Keynes, MK11 3LW, UK
UKHW020116200726
13856UKWH00002B/575

9 782013 480086